DE LA RÉORGANISATION

DE

LA SOCIÉTÉ EUROPÉENNE.

DE LA RÉORGANISATION

DE LA

SOCIÉTÉ EUROPÉENNE,

OU

DE LA NÉCESSITÉ ET DES MOYENS

DE RASSEMBLER LES PEUPLES DE L'EUROPE EN UN
SEUL CORPS POLITIQUE, EN CONSERVANT A CHACUN
SON INDÉPENDANCE NATIONALE.

PAR M. LE COMTE DE SAINT-SIMON,

ET PAR A. THIERRY, SON ÉLÈVE.

<hr/>

A PARIS,

CHEZ ADRIEN ÉGRON,

IMPRIMEUR DE S. A. R. MONSEIGNEUR LE DUC D'ANGOULÊME,
RUE DES NOYERS, N° 37;

DELAUNAY, LIBRAIRE, PALAIS-ROYAL,

GALERIE DE BOIS.

8bre 1814.

AVERTISSEMENT.

CET Ouvrage a été hâté par les circonstances; il ne devait paraître que plus
tard et avec de plus grands développe-
mens. Je me nuis sans doute à moi-
même en le publiant avant le temps;
mais quiconque écrit pour être utile,
doit savoir se compter pour peu de
chose.

Si cet Essai est bien reçu du Public,
une seconde édition étendra davantage
ce que le temps ne m'a point permis de
développer dans celle-ci.

Qu'on se souvienne que, dans tout le
cours de cet Ouvrage, le clergé ne sera
considéré que dans ses rapports politiques avec les diverses situations de l'Eu-

rope, et que la religion chrétienne sera envisagée seulement comme une opinion sur laquelle étaient fondés ces rapports, et dont les variations successives les ont modifiés de différentes manières.

———

AVANT-PROPOS.

Les progrès de l'esprit humain, les révolutions qui s'opèrent dans la marche de nos connaissances, impriment à chaque siècle son caractère.

Le seizième siècle fut fécond en théologiens, ou plutôt tel a été le train des esprits dans ce siècle, que presque tout ce qu'il y eut d'écrivains s'occupa de questions théologiques.

Au dix-septième, les beaux-arts fleurirent, et l'on vit naître les chefs-d'œuvres de la littérature moderne.

Les écrivains du siècle dernier furent philosophes. Ils firent voir que les grandes institutions sociales étaient fondées sur des préjugés et des superstitions, et ils firent tomber les superstitions et les pouvoirs qui émanaient d'elles. Ce fut le siècle des révolutions et de la critique.

Quel sera le caractère du nôtre? Jusqu'ici il n'en a eu aucun. Se traînera-t-il toujours sur les traces du siècle précédent? et nos écrivains ne seront-ils rien autre chose que les échos des derniers philosophes ?

Je ne le pense pas : la marche de l'esprit humain, ce besoin d'institutions générales qui se fait sentir si impérieusement par les convulsions de l'Europe, tout me dit que l'examen des grandes questions politiques sera le but des travaux de notre temps.

La philosophie du siècle dernier a été révolutionnaire; celle du dix-neuvième doit être organisatrice.

Le défaut d'institutions mène à la destruction de toute société; les vieilles institutions prolongent l'ignorance et les préjugés du temps où elles sont faites. Serons-nous contraints de choisir entre la barbarie et la sottise ?

Ecrivains du dix-neuvième siècle, à vous seuls appartient de nous ôter cette triste alternative.

L'ordre social a été bouleversé, parce qu'il ne convenait plus aux lumières; c'est à vous d'en créer un meilleur : le corps politique a été dissous, c'est à vous de le reconstituer.

Un tel travail est pénible, sans doute ; mais il ne surpasse pas vos forces : vous régnez sur l'opinion, et l'opinion règne sur le monde.

Soutenu de l'espoir d'être utile, j'ose entreprendre d'ouvrir la route; et, dans ce premier essai, je hasarde un coup d'œil sur la situation de l'Europe et les moyens de la réorganiser.

Un monarque, pour être grand, doit protéger les sciences et les arts. Ce propos, tant de fois répété, est l'expression vague d'une vérité qui n'a pas encore été sentie.

Ceux-là seuls, parmi les rois, ont exercé une grande action dans le monde, qui, se laissant aller au mouvement de leur siècle, ont marché dans la route que traçaient les écrits de leurs contemporains. Je n'ai pas besoin d'en dire la raison; elle se voit assez d'elle-même.

Charles - Quint et Henri VIII étaient théologiens et protégeaient la théologie, et certes leurs règnes furent plus beaux que celui du galant et spirituel François Ier.

Louis XIV brilla seul au milieu'des rois de son siècle, et Louis XIV, dans toute l'Europe, se fit le protecteur des lettres et de ceux qui les cultivaient.

Le dix-huitième siècle ne compte que deux noms illustres parmi les souverains, Catherine et le grand Frédéric; et ces noms sont ceux des amis des philosophes et des appuis de la philosophie.

Quels rois soutiendront de leur faveur les travaux des écrivains de notre siècle ?

Si deux princes, que les lumières des peuples qu'ils gouvernent désignent d'avance pour les protecteurs de tout ce qu'il y a de noble et de bon, daignaient se souvenir qu'en hâtant le cours de l'esprit humain dans son temps, un roi travaille à sa grandeur, combien promptement s'achèverait cette réorganisation de l'Europe, le but de tous nos efforts, le terme de tous nos travaux !

AUX PARLEMENS

DE FRANCE ET D'ANGLETERRE.

MESSEIGNEURS,

AVANT la fin du quinzième siècle, toutes les nations de l'Europe formaient un seul corps politique, paisible au-dedans de lui-même *, armé contre les ennemis de sa constitution et de son indépendance.

La religion romaine, pratiquée d'un bout de l'Europe à l'autre, était le lien passif de la société européenne; le clergé romain en était le lien actif. Répandu partout, et partout ne dépendant que de lui-même, compatriote de tous les peuples, et ayant son gouvernement et ses lois, il était le centre duquel émanait la volonté qui animait ce grand corps et l'impulsion qui le faisait agir.

* Quand je dis paisible, c'est par comparaison à ce qu'on a vu depuis et à ce qu'on voit aujourd'hui.

Le gouvernement du clergé était, ainsi que celui de tous les peuples européens, une aristocratie hiérarchique.

Un territoire indépendant de toute domination temporelle, trop grand pour être facilement conquis, trop petit pour que ceux qui le possédaient pussent devenir conquérans, était le siége des chefs du clergé. Par leur pouvoir, que l'opinion élevait au-dessus du pouvoir des rois, ils mettaient un frein aux ambitions nationales ; par leur politique, ils tenaient cette balance de l'Europe, salutaire alors, et devenue si funeste depuis qu'un peuple s'en est saisi.

Ainsi, la cour de Rome régnait sur les autres cours, de la même manière que celles-ci régnaient sur les peuples, et l'Europe était une grande aristocratie, partagée en plusieurs aristocraties plus petites, toutes relevant d'elle, toutes soumises à son influence, à ses jugemens, à ses arrêts.

Toute institution fondée sur une opinion ne doit pas durer plus long-temps qu'elle. Luther, en ébranlant dans les esprits ce vieux respect qui faisait la force du clergé, désorganisa l'Europe. La moitié des Européens s'affranchit des chaînes du papisme, c'est-à-dire brisa le seul lien politique qui l'attachât à la grande société.

Le traité de Westphalie établit un nouvel ordre de choses par une opération politique, qu'on appela équilibre des puissances. L'Europe fut partagée en deux confédérations qu'on s'efforçait de maintenir égales : c'était créer la guerre et l'entretenir constitutionnellement ; car deux ligues d'égale force sont nécessairement rivales, et il n'y a pas de rivalités sans guerres.

Dès-lors chaque puissance n'eut d'autre occupation que d'accroître ses forces militaires. Au lieu de ces chétives poignées de soldats levées pour un temps et bientôt licenciées, on vit partout des armées formidables, toujours sur pied, presque toujours actives ; car depuis le traité de Westphalie la guerre a été l'état habituel de l'Europe.

C'est sur ce désordre, qu'on a appelé et que même encore on appelle la base du système politique, que l'Angleterre éleva sa grandeur. Plus habile que les peuples du continent, elle vit ce que c'était que cet équilibre; et, par une double combinaison, elle sut le tourner à son profit et au détriment des autres.

Séparée du continent par la mer, elle cessa d'avoir rien de commun avec ceux qui l'habitent, en se créant une religion nationale et un gouvernement différent de tous les gouvernemens de l'Europe. Sa constitution fut fondée, non plus sur des préjugés et des coutumes, mais sur ce qui est de tous les temps et de tous les lieux, sur ce qui doit être la base de toute constitution, la liberté et le bonheur du peuple.

Affermie au-dedans par une organisation saine et forte, l'Angleterre se porta toute entière au-dehors pour y exercer une grande action. Le but de sa politique extérieure fut la domination universelle.

Elle a favorisé chez elle la navigation, le commerce et l'industrie, et les a entravés chez les autres. Des gouvernemens arbitraires pesaient sur l'Europe, elle les a soutenus de son pouvoir, et a réservé pour elle seule la liberté et les biens qu'elle donne. Son or, ses armes, sa politique, elle a tout fait agir pour maintenir cet équilibre prétendu, qui, détruisant les unes par les autres les forces du continent européen, la laissait libre de tout faire impunément.

C'est de ce double système politique qu'est sorti ce colosse de la puissance anglaise qui menace d'envahir le monde; c'est par là que, libre et heureuse au-dedans, dure et despote au-dehors, l'Angleterre, depuis un siècle, se joue de l'Europe entière, qu'elle remue selon son caprice.

Un tel état de choses est trop monstrueux pour qu'il puisse durer encore. Il est de l'intérêt de l'Europe de s'affranchir d'une tyrannie qui la gêne, il est de l'intérêt de l'Angleterre de ne pas attendre que l'Europe armée vienne se délivrer elle-même.

Qu'on ne s'y trompe pas : ce ne sont pas ici de ces

maux qu'on guérit par des négociations secrètes, par de petites opérations de cabinet; il n'y a point de repos, ni de bonheur possibles pour l'Europe, tant qu'un lien politique ne ralliera pas l'Angleterre au continent dont elle est séparée.

L'Europe a formé autrefois une société confédérative unie par des institutions communes, soumise à un gouvernement général qui était aux peuples ce que les gouvernemens nationaux sont aux individus : un pareil ordre de choses est le seul qui puisse tout réparer.

Je ne prétends pas sans doute qu'on tire de la poussière cette vieille organisation qui fatigue encore l'Europe de ses débris inutiles : le dix – neuvième siècle est trop loin du treizième. Une constitution, forte par elle-même, appuyée sur des principes puisés dans la nature des choses et indépendans des croyances qui passent et des opinions qui n'ont qu'un temps : voilà ce qui convient à l'Europe, voilà ce que je propose aujourd'hui.

De même que les révolutions des empires, lorsqu'elles se font par les progrès des lumières, amènent toujours un meilleur ordre de choses, de même la crise politique qui a dissous le grand corps européen, préparait à l'Europe une organisation plus parfaite.

Cette réorganisation ne pouvait se faire subitement, ni d'un seul jet; car il fallait plus d'un jour pour que les institutions vieillies fussent entièrement détruites, et plus d'un jour aussi pour qu'on en créât de meilleures ; celles-ci ne devaient s'élever, celles-là tomber en ruines que lentement et par des degrés insensibles.

Le peuple anglais, que sa position insulaire rendait plus navigateur que les autres peuples de l'Europe, et par conséquent plus libre des préjugés et des habitudes natales, fit le premier pas, en rejetant le gouvernement féodal pour une constitution jusqu'alors inconnue.

Les restes à-demi détruits de l'ancienne organisation européenne subsistèrent dans tout le continent ; les gouvernemens retinrent leur première forme, quoiqu'un peu modifiée en quelques endroits ; le pouvoir de l'église méconnu dans le nord, ne fut plus, dans le midi, qu'un instrument de servitude pour les peuples et de despotisme pour les princes.

Cependant l'esprit humain ne restait point inactif ; les lumières s'étendaient et achevaient partout la ruine des anciennes institutions : on corrigeait des abus, on détruisait des erreurs, mais rien de nouveau ne s'établissait.

C'est qu'il fallait que l'esprit novateur fût appuyé d'une force politique, et que cette force, résidant dans la seule Angleterre, ne pouvait lutter contre les forces du continent entier , qui servaient de rempart à tout ce qui restait du régime arbitraire et de l'autorité du pape.

Aujourd'hui que la France peut se joindre à l'Angleterre , pour être l'appui des principes libéraux , il ne reste plus qu'à unir leurs forces et à les faire agir , pour que l'Europe se réorganise.

Cette union est possible, puisque la France est libre ainsi que l'Angleterre ; cette union est nécessaire , car elle seule peut assurer la tranquillité des deux pays , et les sauver des maux qui les menacent ; cette union peut changer l'état de l'Europe , car l'Angleterre et la France unies sont plus fortes que le reste de l'Europe.

Tout ce que peut celui qui écrit, c'est de montrer ce qui est utile ; l'exécuter n'appartient qu'à ceux qui ont en main la puissance.

MESSEIGNEURS , vous seuls pouvez hâter cette révolution de l'Europe, commencée depuis tant d'années, qui doit s'achever par la seule force des choses, mais dont la lenteur serait si funeste.

Et ce n'est pas seulement l'intérêt de votre gloire qui vous y invite , mais un intérêt plus puissant encore , le repos et le bonheur des peuples que vous gouvernez.

Si la France et l'Angleterre continuent d'être rivales ,

de leur rivalité naîtront les plus grands maux pour elles et pour l'Europe ; si elles s'unissent d'intérêts, comme elles le sont de principes politiques, par la ressemblance de leurs gouvernemens, elles seront tranquilles et heureuses, et l'Europe pourra espérer la paix.

La nation anglaise n'a plus rien à faire pour sa liberté ni sa grandeur : liberté générale, activité générale, voilà ce qu'elle doit désirer, voilà ce qu'elle doit chercher à faire naître ; mais si elle persiste dans son despotisme, si elle ne renonce pas à sa politique ennemie de toute prospérité étrangère....., on sait de quelle manière l'Europe a puni sur la France une ambition moins tyrannique.

DE LA

DE LA RÉORGANISATION

DE

LA SOCIÉTÉ EUROPÉENNE.

LIVRE PREMIER.

DE LA MEILLEURE FORME DE GOUVERNEMENT; DÉMONSTRATION QUE LA FORME PARLEMENTAIRE EST LA MEILLEURE.

CHAPITRE PREMIER.

Idée de cet Ouvrage.

Après une convulsion violente, l'Europe redoute de nouveaux malheurs, et sent le besoin d'un repos durable; les souverains de toutes les nations européennes s'assemblent pour lui donner la paix. Tous semblent la désirer, tous sont célèbres par leur sagesse, et cependant ils ne parviendront point où ils veulent arriver. Je me suis demandé pourquoi tous les efforts des politiques étaient impuissans contre les maux de l'Europe, et j'ai vu qu'il n'y avait de salut pour elle que dans une réorganisation générale. J'ai médité un plan de réorganisation : l'exposition de ce plan est le sujet de cet ouvrage.

D'abord j'établirai les principes sur lesquels doit reposer l'organisation de l'Europe; ensuite je ferai l'application des principes, et enfin je trouverai dans les circonstances présentes des moyens de commencer l'exécution. Ainsi la première partie devra être un peu abstraite, la seconde moins que la première, et la troisième moins que la seconde, puisqu'il ne sera parlé dans celle-ci que d'événemens que nous avons sous les yeux, et dans lesquels nous sommes tous ou acteurs ou spectateurs.

CHAPITRE II.

Sur le Congrès.

Un congrès est assemblé maintenant à Vienne : que fera-t-il ? que pourra-t-il faire ? Ç'est ce que je vais examiner.

Rétablir la paix entre les puissances de l'Europe, en réglant les prétentions de chacune et en conciliant les intérêts de toutes, tel est le but de ce congrès. Doit-on espérer que ce but soit atteint ? Je ne le pense pas, et voici sur quelles raisons je fonde cette conjecture.

Aucun des membres du congrès ne sera chargé de considérer les choses du point de vue d'intérêt général ; nul n'y sera même autorisé. Chacun, député d'un roi ou d'un peuple, dépendant de lui, tenant tout de lui, ses droits, ses pouvoirs, sa mission, viendra présenter le plan de politique particulière de la puissance qu'il représentera, et démontrer que ce plan convient aux intérêts de tous.

De tous les côtés, l'intérêt particulier sera donné pour mesure de l'intérêt général. L'Autriche cherchera à persuader qu'il importe au repos de l'Europe qu'elle ait en Italie une grande prépondérance; qu'elle conserve la Gallicie et les Provinces Illyriennes; que sa suprématie sur toute l'Allemagne lui soit rendue; la Suède établira, carte géographique en main, que c'est la nature qui veut que la Norwége soit sous sa dépendance; la France réclamera le Rhin et les Alpes, comme limites naturelles; l'Angleterre se prétendra chargée, par la nature, de la police des mers, et voudra qu'on regarde le despotisme qu'elle y exerce, comme le fondement le plus inébranlable du système politique.

Ces prétentions, présentées avec assurance, avec bonne foi peut-être, sous le nom de moyens d'assurer la paix de l'Europe, et soutenues de tout le talent des Talleyrand, des Metternich et des Castelreagh, ne persuaderont cependant personne. Chaque proposition sera rejetée; car personne, hors celui qui l'aura faite, n'y voyant son intérêt propre, n'y verra l'intérêt commun. On se quittera mécontent l'un de l'autre, et s'accusant mutuellement du peu de succès de l'assemblée; point d'accord, point d'intérêts conciliés, point de paix. Des confédérations particulières, des coalitions opposées d'intérêts rejetteront l'Europe dans ce triste état de guerre dont on aura vainement essayé de la tirer.

Voilà ce que l'événement prouvera mieux encore; voilà ce que ni le bon esprit, ni la sagesse, ni le désir de la paix ne peuvent faire éviter. Assemblez congrès sur congrès, multipliez les traités, les conventions, les accommodemens, tout ce que vous ferez n'aboutira qu'à la guerre, vous ne la détruirez point, vous pourrez tout au plus la faire changer de lieu.

Et cependant le peu de succès de ces sortes de moyens n'éclaire personne sur leur impuissance. Il y a en politique une routine dont on n'ose pas s'écarter, bien que l'expérience nous crie de loin qu'il faut changer de méthode. On s'en prend à la force du mal plutôt qu'à la faiblesse des remèdes; et l'on continue de s'égorger sans savoir quand finira le carnage, sans espérance de le voir finir.

L'Europe est dans un état violent, tous le savent, tous le disent; mais cet état, quel est-il? d'où vient-il? a-t-il toujours duré? est-il possible qu'il cesse? Ces questions sont encore sans réponse.

Il en est des liens politiques comme des liens sociaux: c'est par des moyens semblables que doit s'assurer la solidité des uns et des autres. A toute réunion de peuples comme à toute réunion d'hommes, il faut des institutions communes, il faut une organisation : hors de là, tout se décide par la force.

Vouloir que l'Europe soit en paix par des

traités et des congrès, c'est vouloir qu'un corps social subsiste par des conventions et des accords : des deux côtés il faut une force coactive qui unisse les volontés, concerte les mouvemens, rende les intérêts communs et les engagemens solides.

Nous affectons un mépris superbe pour les siècles qu'on appelle du moyen âge; nous n'y voyons qu'un temps de barbarie stupide, d'ignorance grossière, de superstitions dégoûtantes, et nous ne faisons pas attention que c'est le seul temps où le système politique de l'Europe ait été fondé sur sa véritable base, sur une organisation générale.

Je ne dis pas que les papes ne fussent point avides de pouvoir, brouillons, despotes, plus occupés de servir leur ambition que de contenir celle des rois; que le clergé ne se mêlât pas dans les querelles des princes, et n'abrutît pas les peuples pour les tyranniser plus impunément. Tous ces maux, tristes fruits des temps d'ignorance, ne détruisaient pas ce que cette institution avait de salutaire : tant qu'elle subsista, il y eut peu de guerres en Europe, et ces guerres furent de peu d'importance *.

* Les Croisades, dont le but politique fut de dégoûter les Sarrazins de la conquête de l'Europe, étaient des

A peine la révolution de Luther eut-elle fait tomber le pouvoir politique du clergé, que Charles-Quint conçut ce projet de domination universelle, que tentèrent après lui Philippe II, Louis XIV, Napoléon et le peuple anglais, et que des guerres de religion s'élevèrent, qui furent terminées par la guerre de trente ans, la plus longue de toutes les guerres.

Malgré tant d'exemples si frappans, le préjugé a été tel que les plus grands talens n'ont pu lutter contre lui. Tous ne font dater que du seizième siècle le système politique de l'Europe; tous ont regardé le traité de Westphalie comme le vrai fondement de ce système.

Et pourtant il suffisait d'examiner ce qui s'est passé depuis ce temps, pour sentir que l'équilibre des puissances est la combinaison la plus fausse qui puisse être faite, puisque la paix en était le but et qu'elle n'a produit que des guerres, et quelles guerres !

Deux hommes seuls ont vu le mal et ont approché du remède, ce furent Henri IV et l'abbé de Saint-Pierre ; mais l'un mourut avant d'avoir achevé son dessein qui fut oublié après lui ;

guerres de la confédération entière contre les ennemis de sa liberté.

l'autre , pour avoir promis plus qu'il ne pouvait donner, fut traité de visionnaire.

Certes, ce n'est pas une vision que l'idée de lier tous les peuples européens par une institution politique, puisque pendant six siècles un pareil ordre de choses a existé , et que pendant six siècles les guerres furent plus rares et moins terribles.

C'est à cela que se réduit le projet de l'abbé de Saint-Pierre , dépouillé de cet appareil gigantesque qui l'a rendu ridicule ; c'est par un gouvernement confédératif, commun à toutes les nations de l'Europe, qu'il avait espéré d'y faire régner son impraticable paix perpétuelle.

Cette combinaison, chimérique dans ses résultats, imparfaite même et vicieuse par sa nature, est pourtant la conception laplus forte qui ait été produite depuis le quinzième siècle ; c'est qu'on n'arrive au bien que par de longs essais et des tentatives souvent infructueuses, et que rarement celui qui conçoit le premier une idée juste sait lui donner la netteté et la précision qu'elle acquiert toujours par le temps.

Le livre de l'abbé de Saint-Pierre a été peu lu, on n'en connaît guère que le titre, et le nom de rêve d'un homme de bien, par lequel on le désigne.

CHAPITRE III.

Examen de la Paix perpétuelle.

L'ABBÉ DE SAINT-PIERRE proposait une confédération générale de tous les souverains de l'Europe, confédération dont les cinq articles principaux devaient être ceux-ci :

« 1° Des plénipotentiaires, nommés par les « souverains contractans, se tiendront en un « lieu déterminé et y formeront un congrès « permanent.

« 2° On spécifiera le nombre des souverains « qui auront voix dans la diète, et de ceux qui « seront invités d'accéder au traité.

« 3° On garantira à chacun des membres de « la société la possession de ses états ; sa per- « sonne, sa famille, son pouvoir seront assurés « contre toute autorité étrangère ou rébellion « de ses sujets.

« 4° La diète sera le juge suprême des droits « des associés, il y sera décidé par arbitrage sur « les intérêts de chacun d'eux.

5° « Tout allié infracteur du traité sera mis
« au ban de l'Europe et proscrit comme ennemi
« public.

« On armera conjointement et à frais com-
« muns contre tout état mis au ban de l'Europe. »

Le premier défaut d'une pareille confédération, c'est qu'elle est absolument impraticable ;
toutes les raisons de l'inutilité des congrès sub-
sistent ici dans toute leur force. Il n'y a point
d'accord sans des vues communes, et des souverains traitant ensemble, ou des plénipotentiaires nommés par les contractans et révocables
par eux, peuvent-ils avoir d'autres vues que
des vues particulières, d'autre intérêt que leur
intérêt propre? Si la cour de Rome arrêtait
l'ambition des puissances temporelles, c'est que
tous les membres de cette cour avaient un intérêt commun, celui de leur suprématie sur
toutes les cours; c'est que les rois ne nommaient
ni le pape, ni son conseil, et qu'aucune puissance ne pouvait les déposer.

Henri IV, dans sa république chrétienne, avait
cru écarter cet inconvénient par une simple
clause qui portait que chaque puissance devait
avant tout veiller à l'entretien de la société, et
ne faire marcher son intérêt privé qu'après l'intérêt général. Henri IV était généreux, il pen-

sait que ce qui lui serait facile devait être facile à tout le monde; mais peut-être, en suc-
combant lui-même, eût-il fait voir combien la
probité dans un roi est impuissante contre les
séductions du pouvoir.

C'était par la force des choses qu'il fallait
pourvoir à ce que le corps commun s'occupât
avant tout des intérêts communs; mais je sens
que j'anticipe et que je me laisse aller trop loin.
Je dois revenir à l'examen que j'ai commencé.

Le premier effet de la constitution de l'abbé
de Saint-Pierre, en supposant qu'elle fût possible, était de perpétuer en Europe l'ordre de
choses existant au moment où elle eût été établie.
Dès lors les restes de la féodalité qui subsistaient
encore devenaient indestructibles. Bien plus,
elle favorisait l'abus du pouvoir en rendant la
puissance des souverains plus redoutable aux
peuples, et en ôtant à ceux-ci toute ressource
contre la tyrannie. En un mot, cette organisation
prétendue ne devait être autre chose qu'une
garantie réciproque entre les princes de conserver le pouvoir arbitraire.

On a fait usage du levier sans savoir expli-
quer ce que c'est qu'un levier; il y a eu des
organisations nationales, des organisations politiques, avant qu'on sût ce que c'est qu'orga-

nisation. En politique, comme dans toute espèce de science, on a fait ce qu'il fallait faire
avant de savoir pourquoi il fallait le faire, et
lorsqu'après la pratique sont venues les théories,
ce qu'on a pensé a souvent été au-dessous de ce
qu'on avait exécuté par hasard.

C'est ce qui est arrivé dans cette occasion.
L'organisation de l'Europe, telle qu'elle était au
quatorzième siècle, est infiniment supérieure
au projet de l'abbé de Saint-Pierre.

Toute organisation politique, ainsi que toute
organisation sociale, a ses principes fondamen-
taux qui sont son essence, et sans lesquels elle
ne peut ni subsister, ni produire les effets qu'on
attend d'elle.

Ces principes sur lesquels l'organisation papale était fondée, ont été méconnus de l'abbé
de Saint-Pierre ; on peut les réduire à quatre :

1° Toute organisation politique instituée pour
lier ensemble plusieurs peuples, en conservant
à chacun son indépendance nationale, doit
être *systématiquement homogène*, c'est-à-dire
que toutes les institutions doivent y être des
conséquences d'une conception unique, et que
par conséquent le gouvernement, à tous ses
degrés, doit avoir une forme semblable ;

2° Le gouvernement général doit être entiè-

rement indépendaut des gouvernemens nationaux;

3° Ceux qui composent le gouvernement général doivent être portés par leur position à
avoir des vues générales, à s'occuper spéciale-
ment des intérêts généraux;

4° Ils doivent être forts d'une puissance qui
réside en eux, et qui ne doive rien à aucune
force étrangère : cette puissance est l'opinion
publique.

L'organisation papale était fondée sur ces
principes et c'est ce qui fait qu'elle a été utile;
mais l'ignorance du temps n'avait pas permis le
bon emploi de ces principes, et c'est ce qui la
rendait vicieuse.

D'abord, la constitution féodale était celle
que l'on avait appliquée au gouvernement général et aux gouvernemens nationaux, et cette
constitution est essentiellement mauvaise puisqu'elle est toute entière à l'avantage des gouvernans et au détriment des gouvernés.

Ensuite, les papes usaient souvent de leur
puissance trop absolue ainsi que celle des rois,
pour troubler l'Europe, au lieu de la rendre paisible.

Et enfin, l'opinion qui faisait la force du gouvernement général éta t mêlée de superstitions;

d'où il résultait que le clergé, pour maintenir son pouvoir, devait maintenir les superstitions, et entraver les progrès des lumières.

Cela posé, il n'y a plus qu'un pas à faire pour arriver à la meilleure constitution possible d'une société de peuples. Il suffit de joindre aux principes établis ci-dessus les trois conditions suivantes :

1º Que la meilleure constitution possible soit appliquée au gouvernement général et aux gouvernemens nationaux;

2º Que les membres du gouvernement général soient contraints par la force des choses de travailler au bien commun. Cette condition est comprise dans la première;

3º Que leur force dans l'opinion soit fondée sur des rapports que rien ne puisse ébranler, et qui soient de tous les temps et de tous les lieux.

———

CHAPITRE IV.

De la meilleure Constitution possible.

JE veux chercher s'il n'y a pas une forme de gouvernement bonne par sa seule nature, fondée sur des principes sûrs, absolus, universels, indépendans des temps et des lieux.

Si j'allais résoudre ce problème de la manière dont on a traité jusqu'ici les questions politiques, je ne ferais qu'ouvrir un nouveau champ à des discussions interminables; mais laissant de côté tout ce qui peut avoir été dit sur cette matière, je ne m'aiderai dans cette recherche que de deux principes sur lesquels repose la certitude de toute démonstration, le raisonnement et l'expérience.

Toutes les sciences de quelque espèce qu'elles soient, ne sont autre chose qu'une suite de problèmes à résoudre, de questions à examiner, et elles ne diffèrent l'une de l'autre que par la nature de ces questions. Ainsi, la méthode qu'on applique à quelques-unes d'elles doit leur convenir à toutes par cela seul qu'elle convient à quelques-unes d'elles; car cette méthode n'est qu'un instrument entièrement indépendant des objets auxquels on l'applique et qui ne change en rien leur nature.

Bien plus, c'est de l'application de cette méthode que toute science tire sa certitude, c'est par elle qu'elle devient positive, qu'elle cesse d'être une science de conjectures; et cela n'arrive qu'après bien des siècles de vague, d'erreurs et d'incertitudes.

Jusqu'ici la méthode des sciences d'observation n'a point été introduite dans les questions politiques; chacun y a porté sa façon de voir, de raisonner, de juger, et de là vient qu'il n'y a eu encore ni précision dans les solutions, ni généralité dans les résultats.

Le temps est venu où doit cesser cette enfance de la science, et certes il est désirable qu'elle cesse : car des obscurités de la politique naissent les troubles de l'ordre social.

Quelle est la meilleure constitution possible?

En entendant par constitution un système quelconque d'ordre social tendant au bien commun, la meilleure sera celle dans laquelle les institutions seront organisées et les pouvoirs disposés de telle sorte que chaque question d'intérêt public soit traitée de la manière la plus approfondie et la plus complète.

Or, toute question d'intérêt public, par cela seul qu'elle est une question, doit se résoudre par les mêmes moyens que toutes les autres questions quelconques.

Pour résoudre une question de quelque ordre qu'elle soit, la logique nous offre deux méthodes, ou plutôt une seule méthode qui comprend deux opérations : la synthèse et l'analyse; par l'une on embrasse l'ensemble de la chose examinée, ou on l'examine à *priori*; par l'autre on la décompose pour l'observer dans ses détails, ou on l'examine à *posteriori*.

Les résultats obtenus par la synthèse doivent être vérifiés par l'analyse, et réciproquement les résultats obtenus par l'analyse doivent être vérifiés par la synthèse; ou, ce qui est la même chose, une question n'est traitée d'une manière sûre et complète que lorsqu'elle a été examinée successivement à *priori* et à *posteriori*.

Cela posé, je dis que la meilleure constitution est celle dans laquelle chaque question d'intérêt public est toujours examinée successivement à *priori* et à *posteriori*.

Or, dans une société, examiner successivement à *priori* et à *posteriori* les questions d'in-

térêt public, n'est autre chose que les examiner successivement sous le rapport d'intérêt
général et d'intérêt particulier de ceux qui la
composent.

Il ne reste donc plus maintenant qu'à chercher par quel artifice on peut organiser une
constitution de telle sorte que toute question
d'intérêt public y soit toujours examinée de la
manière que je viens de dire.

Pour cela la première disposition nécessaire
est d'établir deux pouvoirs distincts et telle-
ment constitués, que l'un soit porté à considérer les choses du point de vue d'intérêt général de la nation, et l'autre du point de vue
d'intérêt particulier des individus qui en font
partie.

J'appelle le premier pouvoir, POUVOIR DES
INTÉRÊTS GÉNÉRAUX, et le second, POUVOIR
DES INTÉRÊTS PARTICULIERS OU LOCAUX.

Chacun de ces deux pouvoirs doit être investi du droit de concevoir et de proposer toutes
les mesures législatives qu'il juge nécessaires.

Jusqu'ici l'on ne voit que deux pouvoirs mar-
chant au même but par des voies différentes ;
mais la disposition fondamentale, celle qui fait
la force de la constitution, c'est qu'aucune des
décisions de l'un ne puisse être exécutée sans

avoir été au préalable examinée et approuvée par l'autre.

De cette façon, toute mesure législative conçue sous le rapport d'intérêt général, sera examinée sous le rapport d'intérêt particulier, et réciproquement; ou, pour revenir aux termes logiques, toute mesure législative conçue *à priori* sera examinée *à posteriori*, et réciproquement.

Il ne se fera que de bonnes lois, car aucune ne sera admise ni exécutée, sans qu'auparavant le concours des deux pouvoirs, à sa formation, ait prouvé qu'elle convient également au bien du peuple et à celui des individus; ou, ce qui est la même chose, nulle mesure publique ne sera prise avant qu'il ait été démontré, avec toute la rigueur des méthodes logiques, qu'elle est bonne et sage.

Comme l'égalité des deux pouvoirs, dont j'ai parlé ci-dessus, est la base de la constitution, et que celle-ci deviendrait vicieuse dès l'instant que l'un l'emporterait sur l'autre, puisqu'alors les questions ne seraient examinées que d'un seul point de vue, et que l'intérêt général serait sacrifié au particulier, ou l'intérêt particulier au général, il faut qu'un troisième pouvoir, qu'on peut appeler pouvoir RÉGLANT ou MODÉRANT, soit établi pour maintenir l'équilibre des deux autres et les contenir dans leurs justes limites.

Le troisième pouvoir doit avoir le droit d'examiner de nouveau les questions d'intérêt public déjà examinées par les deux autres, de redresser les erreurs, de rejeter les lois qui lui semblent vicieuses, et d'en proposer d'autres, lesquelles soient livrées aussitôt à l'examen des deux premiers pouvoirs.

Après avoir posé les principes et fondé la constitution sur sa base, il reste à l'appuyer par des dispositions secondaires qui en règlent l'action et en assurent la solidité.

Ces dispostions, qui peuvent varier selon les temps et les lieux, doivent être le premier ouvrage des trois pouvoirs constitutionnels : c'est à eux qu'il appartient de les créer, de les changer, des les détruire.

La bonté d'une constitution, fondée sur les principes que je viens d'établir, est aussi certaine, aussi absolue, aussi universelle que celle d'un bon syllogisme.

Et qu'on ne croie pas que cette constitution soit une de ces théories impraticables, de ces spéculations chimériques qui sont bonnes tout au plus à exercer la plume des faiseurs de livres ; elle existe, elle subsiste depuis plus de cent

ans, et ces cent années d'expérience viennent
à l'appui du raisonnement. Un peuple est devenu par elle libre et le plus puissant des peuples de l'Europe.

CHAPITRE V.

De la Constitution anglaise.

L'ANGLETERRE est gouvernée par un parlement, autorité suprême, qui se compose de
trois pouvoirs, le roi, la chambre des communes
et la chambre des pairs. Quelle est la nature de
ces trois pouvoirs, leurs fonctions, leurs attributs? C'est ce que je vais examiner.

LE ROI.

Comme un seul homme est plus capable que
plusieurs ensemble de cette unité de vue par laquelle on embrasse d'un même coup d'œil toute
l'étendue d'une question : ainsi, le POUVOIR des
INTÉRÊTS GÉNÉRAUX, si l'on veut qu'il soit bien
administré, doit être placé entre les mains d'un
seul.

Intéressé à la grandeur et à la gloire de la nation, qui est la sienne propre, libre des liens
qui attachent tout autre citoyen à une certaine
portion de l'État qu'il préfère à toutes les au-

tres, le roi, dans tout ce qu'il propose, ne peut avoir d'autres vues que des vues générales, d'autres intérêts que des intérêts généraux *.

Le roi n'a que l'initiative et la faculté de rejeter dans la formation des lois; mais il est le seul dépositaire de tout le pouvoir exécutif.

C'est qu'il y a cette différence entre la puissance qui fait les lois et celle qui les fait exécuter, que l'une veut être divisée, pour que toute question d'intérêt public soit complètement discutée et résolue; et que l'autre a besoin d'être concentrée en un seul point, afin qu'il y ait partout unité dans l'exécution.

LA CHAMBRE DES COMMUNES.

De même qu'une question, pour être embrassée dans son ensemble, veut être examinée avec cette généralité de vue dont un individu seul est capable, de même aussi cette force d'attention à laquelle aucun détail n'échappe, et qui les saisit tous avec une égale exactitude, ne peut être le partage que d'une réunion d'hommes.

La chambre des communes est composée de députés de toutes les provinces, de membres de

* Voyez plus bas, chap. VI, la division de la Royauté.

toutes les corporations de l'État, lesquels, par leur réunion, représentent toute espèce d'intérêt local ou particulier.

Cette chambre ayant, ainsi que le roi, l'initiative et le droit de rejeter les lois qu'elle ne juge pas convenables, exerce dans toute son étendue le pouvoir que j'ai appelé POUVOIR DES INTÉRÊTS PARTICULIERS, car chacun de ceux qui en font partie, est porté à considérer de préférence l'intérêt de la province qui l'a député, ou du corps dont il est membre.

De cette disposition constitutionnelle qui fait concourir également le roi et les communes à la formation des lois, il résulte, ainsi que je l'ai dit du concours de deux pouvoirs dont il est parlé ci-dessus, qu'aucune mesure d'intérêt général ne s'exécute si elle blesse la majorité des intérêts particuliers, et qu'aucune mesure d'intérêt particulier ne s'exécute si elle est contraire à l'intérêt général.

LA CHAMBRE DES PAIRS.

Il était à craindre que le roi n'influençât les décisions des communes, ou les communes celles du roi; il était à craindre que le roi ou les communes ne se trompassent sur les vrais intérêts de la nation et des particuliers, et il fallait pourvoir à ce qu'il ne pût y avoir d'erreur, soit concertée, soit involontaire.

Un corps d'hommes puissans dans l'opinion, par leur naissance, leurs services, leurs richesses, sont placés entre le roi et les communes pour examiner de nouveau les décisions adoptées, les balancer, les corriger, ou en proposer de nouvelles.

Ils exercent ce pouvoir intermédiaire que j'ai appelé POUVOIR RÉGLANT ou MODÉRANT.

Considérée sous un autre point de vue, la chambre des pairs arrête, à l'égard du roi et des communes, cette pente naturelle qu'ont les individus et les corporations vers le pouvoir absolu. Elle les contient dans leurs limites, par l'intérêt qu'elle a de conserver ses priviléges qui la rendent un corps subsistant par lui-même ; car dès l'instant où l'équilibre serait détruit, où le roi l'emporterait sur les communes, ou les communes sur le roi, l'État devenant despotique ou populaire, du rang de membre du Gouvernement, chaque pair serait contraint de descendre à celui de courtisan ou de sujet.

CHAPITRE VI.

Suite.

Ce n'est pas tout d'établir la constitution sur ses fondemens, il faut encore pourvoir à ce que ces fondemens ne puissent être ébranlés.

Le roi représente les intérêts de l'état entier, de la même manière que les communes représentent ceux de toutes les parties de l'Etat : dans la solution de toute question d'intérêt public, l'un part d'un principe général unique, le bien de la nation ; les autres de plusieurs principes particuliers, les intérêts des individus.

Mais les communes sont électives, et la couronne est héréditaire ; et l'hérédité, qui est une garantie pour le peuple que les successions se feront sans troubles, n'en est point une que celui que la naissance place sur le trône soit le plus capable d'y siéger.

Cette partie du pouvoir législatif que la constitution met entre les mains du roi sera mal administrée, s'il manque des talens qu'elle exige ;

s'il est injuste, le pouvoir exécutif dont il est le dépositaire sera employé à des vengeances personnelles et à des actes d'autorité arbitraire.

Pour écarter ces sortes d'inconvéniens, la royauté a été divisée en deux parties distinctes par leur nature ; à l'une appartiennent la pompe, la magnificence, les honneurs, tous les attributs de la souveraineté ; à l'autre l'administration des affaires : la première, qui se transmet par héritage, est mise entre les mains de la dynastie régnante ; la seconde, essentiellement élective, est confiée au premier ministre.

La responsabilité du ministère met le peuple en sûreté contre tout abus de pouvoir et toute mauvaise administration.

Par cette division de la royauté, qui met d'un côté les honneurs sans le pouvoir, et de l'autre le pouvoir sans les honneurs ; tout ce qu'ont d'avantages l'hérédité et l'élection est réuni pour le bien du peuple, sans aucun des inconvéniens que l'une et l'autre entraînent après elles.

Le chancelier de l'échiquier n'est point nommé par le roi, mais par la nation. Le roi est contraint de choisir celui qui a obtenu la majorité dans la chambre des communes.

Dès l'instant que la majorité se déclare fortement en faveur de quelqu'un, cet homme est porté au ministère et l'ancien ministre destitué, sans que cela occasionne ni troubles, ni dissensions *.

C'est la bonté de la constitution qui fait la bonté des lois, et ce sont ensuite les bonnes lois qui affermissent la constitution. Les propriétés garanties, la liberté individuelle assurée, ainsi que cette liberté de penser et d'écrire, qui établit une correspondance plus intime entre les gouvernans et les gouvernés, et donne à ceux-ci voix consultative dans les opérations d'État : toutes ces lois, fruit d'une organisation bonne et saine, la rendent plus forte encore, en lui prêtant un appui qu'elle ne trouverait pas dans elle-même.

Outre ces dispositions particulières de la constitution anglaise, il en est d'autres que je passe sous silence, parce qu'elles ne conviennent qu'au peuple anglais. S'il n'est pas vrai de dire, ainsi que l'a cru Montesquieu, qu'il faille à chaque nation une forme de gouvernement qui lui soit

---

* Ceux qui désireraient trouver plus de détails peuvent avoir recours à l'ouvrage de M. de Laborde sur les aristocraties représentatives. Ce livre jette un grand jour sur cette partie de la constitution anglaise qui regarde le pouvoir royal et l'électiou des ministres.

propre (puisqu'il ne peut y en avoir qu'une bonne, par cela seul qu'il n'y a qu'une méthode de bien raisonner), il est vrai du moins que cette forme universelle a besoin d'être modifiée diversement, selon les habitudes de ceux qui la reçoivent et les temps où elle est établie.

CHAPITRE VII.

Conclusion.

La méthode des sciences d'observation doit être appliquée à la politique ; le raisonnement et l'expérience sont les élémens de cette méthode. Lorsque par le raisonnement j'ai cherché quelle était la meilleure constitution possible, j'ai été conduit à la constitution parlementaire ; et lorsque j'ai interrogé l'expérience, l'expérience est venu confirmer ce qu'avait prouvé le raisonnement. Depuis près de cent ans que l'Angleterre, en achevant sa révolution, a établi chez elle cette forme de gouvernement dans toute sa plénitude, ne l'a-t-on pas vue accroître tous les jours sa prospérité et sa puissance ? Quel peuple est plus libre et plus riche au dedans, plus grand au dehors, plus habile dans les arts d'industrie, la navigation et le commerce ? Et à quoi attribuer cette puissance que nulle autre n'égale, sinon à ce gouvernement anglais plus libéral, plus vigoureux, plus favorable au bonheur et à la gloire d'une nation que tous les gouvernemens d'Europe ?

LIVRE II.

QUE TOUTES LES NATIONS DE L'EUROPE DOIVENT ÊTRE GOU-
VERNÉES PAR UN PARLEMENT NATIONAL, ET CONCOURIR
A LA FORMATION D'UN PARLEMENT GÉNÉRAL QUI DÉCIDE
DES INTÉRÊTS COMMUNS DE LA SOCIÉTÉ EUROPÉENNE.

CHAPITRE PREMIER.

De la nouvelle organisation de la Société Européenne.

J'AI analysé l'ancienne organisation de l'Europe, j'en ai montré les avantages et les défauts, et j'ai indiqué par quels moyens on pouvait conserver les uns en écartant les autres. J'ai démontré ensuite que s'il y avait une forme de gouvernement bonne par elle-même, ce gouvernement n'était autre que la constitution parlementaire. Ces données conduisent naturellement à la conclusion suivante.

Que partout dans l'ancienne organisation on mette la forme de gouvernement parlementaire à la place de la forme hiérarchique ou féodale, par cette simple substitution on obtiendra une organisation nouvelle plus parfaite que la première, et non plus passagère comme elle, puisque sa bonté ne résultera point d'un certain état de l'esprit humain qui doit changer avec le temps, mais de la nature des choses qui ne varie jamais.

Ainsi, en résumant tout ce que j'ai dit jusqu'ici, l'*Europe aurait la meilleure organisation possible, si toutes les nations qu'elle renferme, étant gouvernées chacune par un parlement, reconnaissaient la suprématie d'un parlement général placé au-dessus de tous les gouvernemens nationaux et investi du pouvoir de juger leurs différens.*

Je ne parlerai point ici de l'établissement des parlemens nationaux : on sait par expérience quelle en doit être l'organisation ; j'indiquerai seulement comment peut être composé le parlement général de l'Europe.

CHAPITRE II.

De la Chambre des Députés du Parlement Européen.

Tout homme né dans un pays quelconque, citoyen d'un état quelconque, contracte toujours par son éducation, par ses relations, par les exemples qui lui sont offerts, certaines habitudes plus ou moins profondes d'étendre ses vues au-delà des limites de son bien-être personnel et de confondre son intérêt propre dans l'intérêt de la société dont il est membre.

De cette habitude fortifiée et tournée en sentiment, résulte une tendance à généraliser ses intérêts, c'est-à-dire à les voir toujours renfermés dans l'intérêt commun : ce penchant qui s'affaiblit quelquefois, mais qui ne s'anéantit jamais, est ce qu'on appelle le patriotisme.

Dans tout gouvernement national, s'il est bon, le patriotisme que chaque individu apporte en lui à l'instant qu'il en s' fait membre, se change en esprit ou en volonté de corps, puisque l'attribut nécessaire d'un bon gouvernement est que l'intérêt des gouvernemens soit aussi l'intérêt de la nation.

C'est cette volonté de corps qui est l'âme du gouvernement, qui fait que toutes les actions y sont unies et tous les mouvemens concertés, que tout marche vers un même but, que tout répond au même mobile.

Il en est du Gouvernement européen, comme des Gouvernemens nationaux, il ne peut avoir d'action sans une volonté commune à tous ses membres.

Or, cette volonté de corps qui, dans un Gouvernement national, naît du patriotisme national, dans le Gouvernement européen ne peut provenir que d'une plus grande généralité de vues, d'un sentiment plus étendu, qu'on peut appeler le patriotisme européen.

C'est l'institution qui forme les hommes, dit Montesquieu ; ainsi, ce penchant qui fait sortir le patriotisme hors des bornes de la patrie, cette habitude de considérer les intérêts de l'Europe, au lieu des intérêts nationaux, sera, pour ceux qui doivent former le parlement européen, un fruit nécessaire de son établissement.

Il est vrai; mais aussi ce sont les hommes qui font l'institution, et l'institution ne peut s'établir si el'e ne les trouve tout formés d'avance, ou du moins préparés à l'être.

C'est donc une nécessité de n'admettre dans la chambre des députés du parlement européen, c'est-à-dire dans l'un des deux pouvoirs actifs de la constitution européenne, que des hommes qui, par des relations plus étendues, des habitudes moins circonscrites dans le cercle des habitudes natales, des travaux dont l'utilité n'est point bornée aux usages nationaux, et se répand sur tous les peuples, sont plus capables d'arriver bientôt à cette généralité de vues qui doit être l'esprit de corps, à cet intérêt général qui doit être l'intérêt de corps du parlement européen.

Des négocians, des savans, des magistrats et des administrateurs doivent être appelés seuls à composer la chambre des députés du grand parlement.

Et en effet, tout ce qu'il y a d'intérêts communs à la société européenne, peut être rapporté aux sciences, aux arts, à la législation, au commerce, à l'administration et à l'industrie.

Chaque million d'hommes sachant lire et écrire en Europe, devra député à la chambre des communes du grand parlement, un négo-

ciant, un savant, un administrateur et un ma-
gistrat. Ainsi, en supposant qu'il y ait en Europe soixante millions d'hommes sachant lire et
écrire, la chambre sera composée de deux cent
quarante membres.

Les élections de chacun des membres se feront par la corporation à laquelle il appartien-
dra. Tous seront nommés pour dix années.

Chacun des membres de la chambre devra
posséder vingt-cinq mille francs de rentes au
moins en fonds de terres.

Il est vrai que c'est la propriété qui fait la
stabilité du Gouvernement, mais c'est seulement lorsque la propriété n'est point séparée
des lumières, que le Gouvernement peut reposer
solidement sur elle. Il convient donc que le
Gouvernement appelle dans son sein et fasse
participer à la propriété ceux des non-propriétaires qu'un mérite éclatant distingue, afin que
le talent et la possession ne soient point divi-
sés ; car le talent, qui est la plus grande force,
et la force la plus agissante, envahirait bientôt
la propriété, s'il n'était point uni avec elle.

Ainsi, à chaque nouvelle élection, vingt
membres choisis parmi les plus distingués des
savans, négocians, magistrats, ou administra-

teurs non-propriétaires, devront être admis à la chambre des communes du parlement européen, et dotés de vingt-cinq mille francs de rentes en fonds de terres.

—

CHAPITRE III.

De la Chambre des Pairs.

De même que chaque pair d'un parlement national doit avoir des richesses qui le fassent remarquer dans le pays qu'il habite, de même aussi tous les pairs du parlement européen devront avoir des richesses qui les rendent remarquables dans l'Europe entière.

Chacun des pairs européens devra posséder cinq cent mille francs de rentes au moins en fonds de terres.

Les pairs seront nommés par le roi. Le nombre n'en sera pas limité.

La pairie sera héréditaire.

Il y aura dans la chambre des pairs vingt membres qui seront pris parmi les hommes ou les descendans des hommes qui, par leurs travaux dans les sciences, dans l'industrie, dans la magistrature, ou dans l'administration, auront fait les choses jugées les plus utiles à la société européenne.

Ces membres seront dotés, par le parlement européen, des cinq cent mille francs de rentes en terres.

Outre les vingt qui seront nommés d'abord, un nouveau pair sera élu et doté à chaque renouvellement du parlement.

CHAPITRE IV.

Du Roi.

Le choix du chef suprême de la société européenne est d'une telle importance, et exige un examen si scrupuleux, que j'en ai réservé la discussion pour un second ouvrage qui doit paraître plus tard, et qui sera le complément de celui-ci.

Le roi du parlement européen doit entrer le premier dans les fonctions, et déterminer la formation des deux chambres : c'est par lui que doit commencer l'action, pour que l'établissement du grand parlement se fasse sans révolution et sans troubles.

La royauté devra être héréditaire.

CHAPITRE V.

Action intérieure et extérieure du grand Parlement.

Toute question d'intérêt général de la société européenne sera portée devant le grand parlement, et examinée et résolue par lui. Il sera le seul juge des contestations qui pourront s'élever entre les Gouvernemens.

Si une portion quelconque de la population européenne, soumise à un Gouvernement quelconque, voulait former une nation à part, ou entrer sous la juridiction d'un Gouvernement étranger, c'est le parlement européen qui en décidera. Or, il n'en décidera point dans l'intérêt des Gouvernemens, mais dans celui des peuples, et en se proposant toujours pour but la meilleure organisation possible de la confédération européenne.

Le parlement européen devra avoir en propriété et souveraineté exclusive une ville et son territoire.

Le parlement aura le pouvoir de lever sur la

confédération tous les impôts qu'il jugera nécessaires.

Toutes les entreprises d'une utilité générale
pour la société européenne, seront dirigées par
le grand parlement; ainsi, par exemple, il join-
dra par des canaux le Danube au Rhin, le Rhin
à la Baltique, etc.

Sans activité au dehors, il n'y a point de
tranquillité au dedans. Le plus sûr moyen de
maintenir la paix dans la confédération, sera de
la porter sans cesse hors d'elle-même, et de
l'occuper sans relâche par de grands travaux
intérieurs. Peupler le globe de la race européenne, qui est supérieure à toutes les autres
races d'hommes; le rendre *voyageable* et ha-
bitable comme l'Europe, voilà l'entreprise par
laquelle le parlement européen devra continuel-
lement exercer l'activité de l'Europe, et la tenir
toujours en haleine.

L'instruction publique dans toute l'Europe,
sera mise sous la direction et la surveillance du
grand parlement.

Un code de morale tant générale que nationale et individuelle, sera rédigé par les soins
du grand parlement, pour être enseigné dans
toute l'Europe. Il y sera démontré que les principes sur lesquels reposera la confédération eu-

ropéenne, sont les meilleurs, les plus solides, les seuls capables de rendre la société aussi heureuse qu'elle puisse l'être, et par la nature humaine, et par l'état de ses lumières.

Le grand parlement permettra l'entière liberté de conscience, et l'exercice libre de toutes les religions; mais il réprimera celles dont les principes seraient contraires au grand code de morale qui aura été établi.

Ainsi, il y aura entre les peuples européens ce qui fait le lien et la base de toute association politique : conformité d'institutions, union d'intérêts, rapport de maximes, communauté de morale et d'instruction publique.

———

CHAPITRE VI.

Conclusion.

Ce livre devra être le plus long par la suite, et la raison s'en montre assez. Je ne lui donnerai point maintenant plus d'étendue, pour ne pas détourner l'attention du lecteur des considérations importantes, en l'attirant sur des détails qu'il n'est pas temps de traiter encore.

LIVRE III.

QUE LA FRANCE ET L'ANGLETERRE, AYANT LA FORME DE
GOUVERNEMENT PARLEMENTAIRE, PEUVENT ET DOIVENT
FORMER UN PARLEMENT COMMUN, CHARGÉ DE RÉGLER
LES INTÉRÊTS DES DEUX NATIONS. — ACTION DU PARLE-
MENT ANGLO-FRANÇAIS SUR LE RESTE DES PEUPLES DE
L'EUROPE.

CHAPITRE PREMIER.

De l'Etablissement du Parlement Européen ; des Moyens de hâter cet Établissement.

Les hommes peuvent méconnaître long-temps
ce qui leur est utile, mais le temps vient toujours où ils s'éclairent et en font usage.

Les Français se sont donné la constitution
anglaise, et tous les peuples de l'Europe se la
donneront successivement, à mesure qu'ils seront assez éclairés pour en apprécier les avantages.

Or, le temps où tous les peuples européens

seront gouvernés par des parlemens nationaux est sans contredit le temps où le parlement général pourra s'établir sans obstacles.

Les raisons de cette assertion sont si évidentes, qu'il me paraît inutile de les produire.

Mais cette époque est loin de nous encore, et des guerres affreuses, des révolutions multipliées doivent affliger l'Europe durant l'intervalle qui nous en sépare.

Que faire pour détourner de l'Europe ces malheurs nouveaux, tristes fruits de la désorganisation où elle continuerait d'être? Avoir recours à l'art, et trouver, dans un temps plus rapproché de nous, des moyens d'en détruire la cause.

Je reprends ce que j'ai dit.

L'établissement du parlement européen s'opérera sans difficulté dès l'instant que tous les peuples de l'Europe vivront sous le régime parlementaire.

Il suit de là que le parlement européen pourra commencer d'être établi aussitôt que la partie de la population européenne soumise au gouvernement représentatif sera supérieure en forces à celle qui restera assujétie à des gouvernemens arbitraires.

Or, cet état de l'Europe n'est autre que l'état

présent des choses : les Anglais et les Français sont incontestablement supérieurs en force au reste de l'Europe, et les Anglais et les Français ont la forme de gouvernement parlementaire *.

Il est donc possible dès-à-présent de commencer la réorganisation de l'Europe.

Que les Anglais et les Français entrant en société établissent entre eux un parlement commun ; que le but principal de cette société soit de s'agrandir en attirant à soi les autres peuples ; que par conséquent le Gouvernement anglo-français favorise chez toutes les nations les partisans de la constitution représentative ; qu'il les soutienne de tout son pouvoir, afin que des parlemens s'établissent chez tous les peuples soumis à des monarchies absolues ; que toute nation, dès l'instant qu'elle aura adopté la forme de gouvernement représentatif, puisse s'unir à la société et députer au parlement commun des membres pris parmi elle, et l'organisation de l'Europe s'achèvera insensiblement sans guerres, sans catastrophes, sans révolutions politiques.

* Dans la force politique des Anglais et des Français, je comprends leur supériorité en diplomatie, et les moyens de corruption que leur donnent les sommes d'argent dont ils peuvent disposer pour le succès de leurs entreprises.

CHAPITRE II.

Du Parlement Anglo-Français.

La composition du parlement anglo-français ne devra pas être autre que celle que j'ai proposée pour le grand parlement européen.

Les Français n'auront que le tiers de la représentation ; c'est-à-dire que l'Angleterre devra fournir deux députés et la France un seul par million d'hommes sachant lire et écrire.

Cette disposition est importante par deux raisons, d'abord parce que les Français sont encore peu habiles en politique parlementaire et qu'ils ont besoin d'être sous la tutelle des Anglais, qu'une plus longue expérience a formés ; ensuite, parce qu'en consentant à cet établissement, l'Angleterre doit faire en quelque sorte un sacrifice, au lieu que la France n'en peut tirer que des avantages.

CHAPITRE III.

Qu'il est de l'intérêt de la France et de l'Angleterre de s'unir par un lien politique.

L'UNION de la France et de l'Angleterre peut réorganiser l'Europe ; cette union, jusqu'ici impossible, est maintenant praticable, puisque la France et l'Angleterre ont les mêmes principes politiques et la même forme de gouvernement. Mais pour que le bien s'opère, suffit-il qu'il soit possible ? Non sans doute, il faut encore qu'on veuille le faire.

L'Angleterre et la France sont menacées l'une et l'autre d'une grande secousse politique, et ni l'une ni l'autre ne peut trouver en soi les moyens de la détourner d'elle. Toutes deux trébucheront infailliblement, si elles ne se prêtent un mutuel appui ; et, par un hasard heureux, autant qu'étrange, le seul recours qu'elles aient contre une révolution inévitable, est cette union qui doit accroître la prospérité de chacune d'elles, et mettre fin aux malheurs de l'Europe.

CHAPITRE IV.

Examen des affaires d'Angleterre.

Les ministériels et les opposans ne sont point
en Angleterre le seul partage de l'opinion publique ; cette division n'est qu'une fraction d'une
division plus grande, plus ancienne et subsistant toujours ; celle de la nation en deux partis,
les Wighs et les Toris.

Les Toris ont toujours été en majorité, d'où
il suit que jusqu'ici le ministère a été dans leurs
mains, et que par conséquent la situation pré-
sente de l'Angleterre est le résultat de leurs travaux.

Jetons un coup d'œil sur la situation de l'Angleterre.

L'Angleterre a écrasé, anéanti toutes les ma-
rines qui pouvaient en s'unissant rivaliser avec
la sienne. L'empire des mers est donc tout entier dans ses mains. Elle domine directement
sur l'Asie et l'Afrique. Elle laisse aux Espagnols
et aux Portugais les frais et les embarras du

gouvernement de l'Amérique du sud, et en tire à soi tout le profit. Elle a ôté aux Américains du nord tout moyen d'être ses rivaux en commerce.

Par cette balance de l'Europe, dont elle a su s'emparer, rien ne se fait sur le continent que ce qu'elle veut; elle y répand à son gré la guerre ou la paix; le commerce du monde entier est dans ses mains : elle surpasse tous les autres peuples en agriculture et en industrie.

Ainsi l'action que l'Angleterre exerce sur le reste de l'espèce humaine est la plus générale, la plus grande, la plus étonnante dont l'histoire fasse mention; l'Angleterre est donc parvenue au comble de la gloire et de la puissance.

Mais le capital de la dette de l'Angleterre surpasse de beaucoup la valeur territoriale des trois royaumes : de là résulte un état forcé de choses; cet état forcé de choses a fait hausser considérablement le prix des denrées de première nécessité qui doit augmenter le prix de la main d'œuvre, qui accroîtra nécessairement le prix des objets manufacturés; le papier perd contre l'argent, le change est constamment désavantageux, etc.

Le patriotisme de la nation anglaise, tant qu'elle a été menacée par Bonaparte, a donné à son gouvernement les moyens de soutenir le poids énorme qu'il supporte; mais pourra-t-il continuer de le soutenir dans le calme d'une situation paisible? Non sans doute; si l'on n'y apporte un prompt remède, une révolution dans les finances, une révolution politique deviendra inévitable. Cette révolution sera d'autant plus prompte qu'elle sera excitée par les Wighs, car elle est pour eux le seul moyen de rendre leurs principes prépondérans et de saisir le timon des affaires. Parlons des Wighs.

Ils se sont opposés de toutes leurs forces à la guerre contre l'Amérique. Ils pensaient que la Grande-Bretagne devait sans balancer accorder à ses sujets continentaux du Nouveau-Monde cette indépendance qu'ils demandaient comme une faveur, mais qu'ils se sentaient en état de conquérir si elle leur était refusée. Aucun d'eux n'a consenti au despotisme, aux injustices, aux atrocités du gouvernement anglais dans l'Inde *.

Dès l'origine de la révolution française, et

* Il n'y a pas d'occasion dans laquelle les Wighs n'aient professé ouvertement les opinions les plus libérales; aujourd'hui ils se montrent révoltés de la conduite de Ferdinand, et conseillent au gouvernement anglais de soutenir le peuple espagnol contre son roi : on sait que plusieurs d'entre eux ont envoyé des secours d'argent aux Norwégiens.

pendant toute sa durée, les Wighs ont constamment proclamé que la nation anglaise devait se déclarer en faveur du parti qui travaillait à changer le régime social de la France et à y établir la constitution représentative; et lorsque Burke et les Toris se répandaient en invectives et faisaient retentir l'Angleterre de ce propos si célèbre : *Les Français ont passé au travers de de la liberté*, ils ont répondu * : « N'est-ce pas « aux crises les plus violentes et aux plus san-« glantes catastrophes que les hommes ont tou-« jours dû leurs plus grands progrès en poli-« tique? Ainsi que les Français, nos pères n'ont-« ils pas eu leur temps de fureur et de folie? « N'ont-ils pas comme eux souillé leurs mains « du sang de leur roi innocent? Nos niveleurs « étaient-ils moins absurdes, moins ennemis de « tout principe social que leurs jacobins? et « Cromwell moins tyran que Bonaparte? « Et pourtant, c'est notre révolution, si sem-« blable à la révolution française, qui nous a « fait ce que nous sommes; c'est par elle que « le peuple anglais est libre chez lui et puissant « chez les nations étrangères. N'en doutons pas, « quelques efforts que nous fassions pour dé-« crier et entraver leur révolution, les Francais

* *Voyez* les débats parlementaires du temps.

« en tireront à la longue les avantages que nous
« avons tirés de la nôtre ; ils seront libres et
« grands comme nous. Protégeons-les donc
« maintenant qu'ils sont faibles et que nos se-
« cours peuvent les mettre à l'abri des maux
« qui les menacent encore. »

Enfin, les Wighs ont constamment professé
ce principe, que la liberté de la Grande-Bretagne serait d'autant plus entière et plus assurée, que les peuples du continent seraient plus
libres. Ils ont répété sans cesse aux Toris :
« Qu'ils faisaient de vains efforts pour arrêter
« chez les nations de l'Europe ce progrès des
« lumières que rien ne peut arrêter. Que les
« dépenses énormes auxquelles cette entreprise
« les contraignait, n'atteindraient point le but et
« élevaient la dette publique à une somme telle
« qu'il deviendrait impossible d'en rembourser
« le capital, ni d'en payer même les intérêts. Que
« cette dette devait créer un ordre de fortunes
« factices qui hausserait le prix des denrées ;
« lequel augmenterait les salaires, lesquels à
« leur tour accroîtraient le prix des objets fa-
« briqués ; que le renchérissement des objets
« fabriqués augmenterait l'importation et dimi-
« nuerait l'exportation, d'où il résulterait aug-
« mentation de dépenses et diminution de re-
« cettes ; qu'enfin l'Etat ne pouvant plus payer

« l'intérêt de sa dette, la banqueroute serait
« inévitable. »

L'événement a appris à la nation anglaise que
les Wighs avaient raison ; elle commence à sentir la nécessité de changer son plan de politique
extérieure.

Mais pourquoi les Toris ont-ils constamment
obtenu la majorité et l'ont-ils toujours emporté
sur les Wighs ? Pourquoi le ministère, et par
conséquent l'administration des affaires d'Etat,
a-t-elle été jusqu'ici dans leur mains ? Doit-elle
y rester encore ? et combien de temps doit-elle
y rester ?

Un sentiment secret disait aux Anglais que
leur liberté serait en danger, s'ils avaient des
relations intimes avec des peuples encore trop
peu éclairés pour vivre sous un régime libéral ;
ainsi les Toris, qui conseillaient le despotisme
et l'isolement de l'Angleterre, devaient obtenir la majorité des suffrages, puisqu'alors
leur opinion s'accordait avec les intérêts du
peuple.

Depuis, lorsque Bonaparte effrayait l'Angleterre par son projet vaste et insensé de domination universelle, tous les partis se turent,
chaque citoyen cessa d'être Wigh ou Tori, pour
n'être plus qu'Anglais, et toutes les opinions

vinrent se perdre en une seule, le besoin de secourir la patrie.

Mais maintenant que l'Angleterre peut sans crainte s'allier avec la France, puisque la France a la même constitution qu'elle ; maintenant que la patrie, hors de danger, laisse aux citoyens le loisir de peser les opinions des deux partis, quel sera celui des deux qui sera porté au ministère ?

Tous les Anglais dont l'opinion publique est de quelque poids, sont créanciers de l'Etat pour des sommes plus ou moins considérables, et par conséquent intéressés personnellement à ce que l'Etat remplisse ses engagemens. Ainsi, tous ceux du parti Wigh doivent être sollicités d'un côté par le désir de s'emparer des affaires, et de l'autre par celui d'empêcher la banqueroute de l'Etat ; or, maintenant qu'ils voient que cette banqueroute est inséparable du mouvement politique qui doit mettre le gouvernement dans leurs mains, l'intérêt d'opinion étant balancé dans leurs esprits par l'intérêt personnel, tous doivent se tenir en repos, et suivre le train des choses par la crainte de se nuire s'ils tentaient de l'arrêter.

Il suit de là que le gouvernement doit rester encore entre les mains des Toris, qu'il y restera tant que les Toris trouveront à emprunter, et que les Toris, fidèles à leur ancien système de politique, chercheront à susciter des troubles en France pour y entraver encore le développement de l'industrie.

Mais il est aisé de voir que le temps viendra bientôt où le gouvernement anglais sera contraint d'annoncer au peuple qu'il ne peut plus payer les intérêts de sa dette, et qu'alors, par une grande secousse politique, le gouvernement passera des Toris aux Wighs.

Maintenant, ce qu'il s'agit de savoir, c'est s'il existe un moyen d'éviter la banqueroute de l'Angleterre et de faire que le gouvernement quitte son plan de politique extérieure pour un autre plus libéral, c'est-à-dire, de faire passer le gouvernement des Toris aux Wighs sans révolution et sans banqueroute.

Je crois cela possible; mais ce n'est point au dedans d'elle-même que l'Angleterre en trouvera les ressources, c'est au dehors qu'il faut les chercher : elles ne peuvent résulter que d'une association avec la France. L'Angleterre peut être comparée à une grande maison de commerce qui a fait des établissemens magnifiques, mais qui s'est endettée d'une somme immense pour faire ces établissemens; si elle trouve un associé riche elle prospèrera, sinon elle manquera infailliblement.

Mais, non seulement l'Angleterre a besoin de la France, la France aussi a besoin de l'Angleterre, et l'une et l'autre ont un intérêt également pressant à une association commune.

———

CHAPITRE V.

Examen des affaires de la France.

Ce n'est point par une sorte de caprice politique et par un hasard imprévu que la France s'est donné la constitution anglaise ; plus de cent ans de travaux l'ont préparée à la recevoir.

L'autorité du pape, le pouvoir illimité des rois, les priviléges de la noblesse et du clergé, leurs richesses qui soutenaient leur puissance, étaient autant d'obstacles qu'il fallait renverser pour que la France fût réorganisée.

C'était par l'opinion qu'il fallait commencer de détruire ces pouvoirs que l'opinion avait élevés, et ce fut l'ouvrage du 18° siècle. Le clergé fut tourné en ridicule, l'autorité arbitraire rendue odieuse, la noblesse déconsidérée.

L'*Encyclopédie*, fruit des travaux de tout le siècle, porta le coup décisif en abattant à la fois tous les préjugés invétérés, toutes les erreurs accréditées qui soutenaient l'ancien ordre de choses.

La révolution préparée par les écrivains, fut hâtée par la guerre d'Amérique. Ces idées de liberté et d'institutions libérales, cette haine de toute tyrannie que les défenseurs des Etats-Unis rapportèrent du commerce. d'un peuple libre et opprimé, gagnant bientôt une partie de la nation, la crise commença.

Les droits du trône, la puissance de la noblesse et du clergé déjà sappés dans leur base, n'opposèrent qu'une vaine résistance. On saisit les biens, on proscrivit les personnes, le roi lui-même ne fut point épargné *.

Louis XVI aimait son peuple; il avait tout ce qui fait les bons rois; mais Titus serait tombé comme lui, si Titus eût régné à sa place. Cette fermeté même qu'il n'avait pas ne l'aurait pas plus sauvé que sa faiblesse. Ce n'était pas le

* La révolution française est une preuve de ce que j'ai dit plus haut de la nécessité d'unir la propriété au talent dans le gouvernement. La noblesse et le clergé, qui étaient les grands propriétaires de l'État, ayant laissé les lumières se concentrer dans la classe des non-propriétaires, furent renversés par eux, et la propriété passa de leurs mains dans les mains de ceux qui les avaient renversés.

prince, c'était le trône qu'on attaquait ; le hasard de la naissance l'y avait fait monter, le trône l'entraîna dans sa chute.

Tout l'enthousiasme, toutes les folies, toutes les horreurs de la révolution française se reproduisent dans celle d'Angleterre. Des deux côtés le but était le même ; des deux côtés les mêmes événemens y ont conduit ; tant il est vrai que la marche de l'esprit humain est une et inaltérable et ne varie point selon les temps ou les lieux.

La ressemblance est telle qu'on peut tracer d'un seul coup le caractère commun des deux révolutions, et l'appliquer ensuite à chacune d'elles *.

Toutes deux ont été partagées en cinq époques distinctes l'une de l'autre par les événemens qui les ont signalés.

PREMIÈRE ÉPOQUE.

Le progrès des lumières met en évidence les inconvéniens de l'ancien ordre social, et fait

---

* La seule différence qu'il y ait entre ces deux révolutions vient de la différence des siècles, dont le caractère n'était point le même ; l'une fut excitée par la passion de cette égalité que prêche le christianisme ; l'autre, par celle de l'égalité que la philosophie commandait.

sentir le besoin d'une organisation nouvelle, le désir d'opérer ce changement heureux s'empare de tout le monde ; le roi, les grands, le peuple, tous veulent y contribuer ; on n'a qu'un but, qu'un penchant, qu'un désir, le bonheur public ; on est résolu de l'obtenir à quelque prix que ce soit, les intérêts privés disparaissent devant l'intérêt de tous.

DEUXIÈME ÉPOQUE.

Le charme cesse, on recule devant des sacrifices qui vus de plus loin semblaient peu de chose ; on se repent d'un zèle téméraire ; cet amour ardent, emporté, aveugle, du bien général devient plus calme et plus réfléchi ; on calcule les avantages et les pertes ; plusieurs regrettent l'ancien ordre de choses, ils s'efforcent d'arrêter les progrès du nouveau en luttant contre ses partisans ; les novateurs cherchent un appui dans la populace qu'ils échauffent ; des sociétés populaires s'établissent.

TROISIÈME ÉPOQUE.

Tous les pouvoirs étant placés entre les mains de la classe la plus ignorante sont mal administrés, l'anarchie s'établit, la guerre civile et la famine achèvent le malheur public.

QUATRIÈME ÉPOQUE.

Le désordre est à son comble, les esprits fatigués cherchent à revenir à l'ordre et à la subordination, le despotisme d'un seul paraît moins fâcheux que le despotisme populaire ; quiconque osera régner est sûr d'être accueilli. Alors s'élève de la foule un ambitieux hardi, un Cromwell, un Bonaparte, qui, armé d'une volonté ferme, et fort de la nécessité publique, arrache le pouvoir des mains de la canaille et le concentre dans les siennes ; et comme la force militaire pouvait seule écraser la puissance du peuple, une domination toute guerrière s'élève sur les ruines de l'anarchie démocratique.

CINQUIÈME ÉPOQUE.

Le calme renaît après tant d'agitations, les changemens désirés au commencement par la partie saine du peuple s'opèrent sans peine, et la nation voit enfin cet ordre social auquel elle avait espéré d'arriver, sans convulsions et sans troubles.

Voilà l'histoire rapide de la révolution anglaise et de la révolution française : je laisse au lecteur le soin de vérifier cette analyse relativement à la première ; quant à la seconde, quel est parmi nous l'homme parvenu à cinquante ans qui n'a pas conservé des souvenirs divers et des beaux jours de l'assemblée nationale, et des folies de l'assemblée législative, et des atrocités de la convention ? Quel est celui que n'a pas indigné la tyrannie dont la France est délivrée, et qui ne s'est pas senti émouvoir de joie en voyant les fils de Louis XII et de Henri IV nous rapporter d'un long exil, avec les vertus de leurs aïeux, des institutions convenables à nos lumières ?

Il en est des séries de faits comme des séries de nombres ; après quatre termes communs à deux séries, tous le sont indéfiniment *. Or, les révolutions de France et d'Angleterre, en les considérant comme deux séries de faits, ont cinq

---

* Pour prévenir toute objection de la part des mathématiciens, j'ajouterai que je n'entends parler ici que des séries numériques dont un terme quelconque ne dépend au plus que des quatre précédens ; les séries de faits que je leur compare étant composées de termes qui sont tous dépendans uniquement du précédent, il y a plus de raisons d'identité qu'il n'est nécessaire.

termes semblables, et le cinquième terme de la révolution française est l'état présent des choses. On peut donc dire avec certitude, que s'il y a eu un sixième terme dans la révolution anglaise, il y aura un sixième terme de même nature, correspondant à celui-ci, dans la révolution française. Le sixième terme dans la révolution anglaise a été l'expulsion des Stuarts.

Une catastrophe de ce genre serait affreuse pour la France, et cependant nous en sommes menacés par la force des choses. Il ne s'agit point maintenant de s'abuser soi-même et de détourner les yeux de cet avenir qui s'avance : il faut l'arrêter, l'anéantir, et ce n'est pas en n'y songeant point qu'on peut le faire.

CHAPITRE VI.

Causes d'une nouvelle révolution en France.

Il y avait en France une caste privilégiée, à laquelle appartenaient tous les honneurs et tous les emplois importans. La noblesse, doublée de nombre par Bonaparte, se divise maintenant en deux parties opposées l'une à l'autre, et toutes deux mécontentes. L'ancienne noblesse, accoutumée à regarder comme son patrimoine toutes les grandes charges de l'Etat, s'indigne de voir une foule d'hommes nouveaux assis au rang qu'occupaient leurs ancêtres. Les nouveaux nobles, fiers de leurs richesses, habiles dans l'exercice de leurs charges, puisque cet exercice a précédé leur noblesse, prétendent qu'on doit à leurs lumières ce que les autres disent qu'on doit à leur naissance ; ils supportent avec peine que des emplois, qu'ils se croient seuls capables de remplir, soient confiés à des hommes vieillis loin des affaires, dans l'oisiveté ou dans l'exil *.

* L'ancienne noblesse a perdu ses biens, ses emplois,

C'est dans la classe militaire, qui de tous temps a été la première en France, que se montre surtout cette lutte entre les hommes anciens et les nouveaux. Les officiers qui ont servi sous Bonaparte, réduits en partie à la demi-solde, après tant de travaux et de succès, souffrent de voir tous les jours se former de nouveaux corps, dont les chefs n'ont partagé ni leurs fatigues, ni leurs victoires; et ce qui excite surtout leurs plaintes, c'est qu'une Maison du Roi, toute brillante de dorure, mais encore sans gloire et sans expérience de la guerre, a été placée au-dessus de cette vieille Garde qui a fait trembler l'Europe.

D'un autre côté, la noblesse ancienne revendique toutes les charges militaires. Celles qu'elle n'a plus, celles qu'elle n'a jamais eues, lui semblent également usurpées sur elle : elle redemande à la fois et ce qu'elle avait, et ce qu'elle aurait pu avoir; et parmi tant d'intérêts con-

ses honneurs; et cependant elle a encore assez de force dans l'opinion pour lutter contre ceux auxquels la révolution a donné tout ce qu'elle lui a enlevé. C'est qu'on aime à retrouver en elle les restes de ce vieil honneur français, de cette passion de la gloire des temps chevaleresques, que les changemens de l'ordre social ne lui ont pas plus ôtés que le souvenir de ses aïeux.

traires, tant de prétentions opposées, s'élève un cri général, le regret du passé et le mécontentement du présent.

Si nous descendons de la première classe de la société dans la seconde, nous verrons d'abord la magistrature, et tout ce qui se rattache à elle, humilié d'avoir perdu son importance politique et les grands noms qui l'illustraient; si l'ordre judiciaire ne devait pas s'attendre à voir revivre ses anciennes prérogatives, du moins pouvait-il espérer de voir, ainsi qu'en Angleterre, les grands juges siéger dans le parlement.

L'ordre du commerce, les banquiers, les négocians, les fabricans, etc., manquent d'un établissement de banque solide et absolument indépendant du Gouvernement, d'encouragemens pour l'industrie; de considération pour ceux qui s'y distinguent : cette classe, si importante pour la puissance d'un État, est encore écrasée par les prétentions et la considération de la noblesse.

Dans la classe des non-propriétaires, il n'y a qu'un cri contre les droits-réunis, dont le mode de perception rappelle la plus odieuse tyrannie.

Les habitans des ports et des côtes de France se plaignent d'être réduits au cabotage, et de ne pouvoir donner carrière à leur activité, en se livrant à la grande navigation, que la perte de nos Colonies les plus importantes et le despotisme des Anglais leur interdisent.

Toutes les classes de la société, tout ce qu'il y a de Français, s'élève contre la faiblesse que le gouvernement a montrée en laissant enlever la Belgique ; on voit avec dépit l'Autriche accrue d'une partie de la Pologne et des provinces Illyriennes ; la Russie, de la Crimée, de la Finlande, et de vastes possessions en Asie ; la Prusse, de la Silésie, et d'une partie de la Pologne ; et la France humiliée, affaiblie, réduite à ses anciennes limites.

CHAPITRE VII.

Suite.

Tous ces murmures qu'excitent, dans les diverses classes de la nation, les intérêts contrariés, les espérances trompées, se réunissent à la fois, contre le gouvernement dont la marche n'est ni ferme, ni franche.

Depuis vingt-cinq années que la France a renversé son ancienne forme de gouvernement, dix constitutions différentes ont été tour-à-tour adoptées et rejetées; ces essais signalés par des atrocités épouvantables qu'enfantait la fureur des partis, ont été pour ainsi dire les degrés par lesquels on est parvenu de l'ancien ordre des choses à celui que nous voyons. La constitution représentative dans laquelle la nation fatiguée se repose aujourd'hui, semble être le terme de tous ses vœux, et doit l'être en effet, puisque cette forme de gouvernement est la meilleure. Il n'y a donc plus à craindre qu'une révolution change la constitution de l'Etat, car dans l'opinion cette constitution est inébranlable, et si nous sommes menacés d'une secousse politique, ce ne sera point sur les pouvoirs constitutionnels, mais sur ceux qui les administrent que frapperont les coups.

Toutes les opérations du parlement français depuis qu'il est établi, ont déplu à la majorité du peuple : en politique nationale, comme en politique extérieure, il a paru également faible et inhabile : on aurait voulu que son premier soin eût été d'assurer la liberté de la presse, la liberté individuelle, et la responsabilité du ministère, qui sont pour les gouvernés la seule garantie qu'ils ne seront point opprimés.

De l'examen du parlement en général, descendons à l'examen des trois pouvoirs qui le composent.

Hors un petit nombre d'hommes, dont les noms sont devenus assez célèbres pour que je n'aie pas besoin de les rappeler ici, les députés façonnés à la servitude sous la tyrannie de Bonaparte, n'osent pas croire qu'ils puissent être autre chose que des instrumens dont on use à son gré; on voit des fauteurs du pouvoir absolu dans la chambre des députés du parlement de France; des hommes qui ne sont rien que par la constitution, tournent contre la constitution un pouvoir qu'ils tiennent d'elle, et par un choix bien étrange ils aiment mieux être les protégés d'un ministre, que les membres d'un des grands corps de l'Etat.

Le même courage dans un petit nombre d'hommes qui savent quel est leur pouvoir et en usent comme ils le doivent, la même faiblesse dans une majorité qui se laisse entraîner où l'on veut, se montrent parmi les pairs. Cette chambre, n'étant point encore héréditaire, est toute entière dans les mains du Roi.

Le défaut de justesse dans les opérations, le déréglement dans les vues du gouvernement que produit la division des opinions dans les deux chambres sur les points constitutionnels, est encore accru par le roi; éloigné par sa philosophie et son caractère de toute idée d'autorité absolue, il y est ramené malgré lui par le pouvoir des habitudes de l'enfance, et par les conseils de ceux qui l'entourent : d'un côté sa sagesse le sollicite, de l'autre son éducation le rappelle; et dans ce combat de deux forces également puissantes, dont l'une est repoussée par l'autre qui la repousse à son tour, hésitant, incertain, agissant diversement selon l'impulsion qui l'entraîne, il porte dans ses décisions tout le désordre des mouvemens qui l'agitent.

C'est de cette incertitude du parlement entier, qui flotte entre un ordre de choses détruit et qui ne peut revenir, et un autre vers lequel on s'avance et qui n'est pas encore assuré, que naissent toutes les fautes et toutes les plaintes.

C'est une chose monstrueuse que de vouloir concilier ce qui est inconciliable; et que fait-on autre chose lorsque confondant par un mélange bizarre le régime arbitraire avec le régime représentatif, on est à la fois roi absolu et roi parlementaire; député, et protégé d'un ministre qui peut tout faire; pair et esclave des volontés du Roi? Une forme de gouvernement bâtarde, où la représentation n'est qu'un vain appareil qui ne peut rien contre les abus du pouvoir, voilà ce que nous voyons aujourd'hui. Cette confusion de deux ordres de choses qui ne peuvent subsister ensemble et qu'on fait marcher de front, provient d'une seule cause, l'inexpérience de ceux qui administrent les pouvoirs constitutionnels. Si le même coup qui a mis en France le gouvernement parlementaire avait détruit dans tous les esprits les habitudes contractées sous le gouvernement précédent, et suggéré à chacun des idées justes sur l'organisation sociale, moins de murmures s'élèveraient maintenant, et nous

serions menacées de moins de maux. Le temps
sans doute et l'expérience doivent instruire
ceux qui nous gouvernent; mais le bien est
lent à venir, les malheurs pressans, l'expérience
tardive.

Qu'on se souvienne que le gouvernement
anglais est encore dans les mains des Toris;
que les Toris, après avoir épuisé en vain leurs
efforts pour empêcher la nation française d'arriver où elle est, vont chercher maintenant à
la ramener en arrière et à entraver la marche
du gouvernement déjà chancelant et mal assuré,
et l'on verra que la France est placée sur un
volcan dont l'explosion sera d'autant plus terrible qu'on tardera plus à l'éteindre.

CHAPITRE VIII.

Direction de la Révolution.

LE mécontentement de la nation, les intrigues de l'Angleterre, la faiblesse du gouvernement menacent la France d'une révolution prochaine.

Sur qui porteront les coups de cette révolution? Sur les députés? Mais les députés étant nommés seulement pour un temps, elle ne peut leur ôter qu'un pouvoir qu'ils ne devaient pas toujours conserver et qu'ils peuvent espérer de reprendre. Sur les pairs? Mais la pairie n'étant point encore héréditaire, chaque pair peut cesser d'être pair sans que son existence sociale soit anéantie. Sur le Roi? Ici tout change, la royauté est héréditaire, le trône est le seul domaine, la seule existence de la famille royale.

Ainsi, cette révolution qui est sans force contre les deux chambres, doit tomber de tout son poids sur le Roi et sur sa famille; la cause de cette effrayante catastrophe est que

la royauté en France n'est point encore divisée *.

Si la royauté administrative était séparée de
la royauté héréditaire, la secousse politique ne
menaçant que les pouvoirs administratifs, le
coup tomberait sur les ministres seuls et n'at-
teindrait point le Roi ; mais toutes deux étant
concentrées en un même point, l'une ne peut
être frappée sans que l'autre le soit avec elle.

La responsabilité du ministère est la sauve-
garde la plus sûre et le plus ferme rempart de
la dynastie.

Aujourd'hui, par un reste d'habitude de l'ancienne forme de gouvernement, une partie de
la nation rapporte tout au Roi, fait le Roi centre
de tout, mobile de tout, et ne regarde les autres
pouvoirs que comme une émanation du pouvoir
royal. Cette opinion qu'on n'a pas pris assez soin
de détruire, et que l'amour des Français pour
leur prince entretient encore parce qu'on se plaît
à penser qu'on obéit à ceux qu'on aime, est la
plus funeste aux intérêts du Roi, la plus fatale
à la dynastie, la plus propre à pousser contre
elle tout l'effort de la révolution qui s'avance ;
car c'est contre celui qu'on croit cause de tout

* Voy. ci-dessus, liv. Ier, chap. V.

que s'élèvent tous les murmures; c'est lui qu'on accuse de tous les maux, qu'on charge de toutes les fautes.

Si ce malheur était sans remède, j'aurais gardé le silence pour ne point affliger en vain la France par le présage d'un mal inévitable; mais comme nous ne sommes pas encore réduits à désespérer, que les dangers qui nous menacent peuvent être détournés de nous, et qu'il est important de montrer comment ils peuvent l'être, j'eusse été coupable de me taire.

CHAPITRE IX.

Des Moyens d'éviter en France une seconde révolution.

J'AI dit quelles étaient les causes de la révolution qui menace la France : en quelque nombre que soient ces causes, un seul coup peut les détruire toutes.

Lorsque l'orgueil national d'un peuple est blessé, cette gêne de la nation entière s'étend sur les individus, et rend plus vif dans chacun d'eux le sentiment des maux particuliers; aussitôt que cet orgueil est satisfait, tous les déplaisirs particuliers se perdent dans le contentement général.

Dès l'instant qu'un lien politique l'unira à l'Angleterre, la nation française, affaiblie aujourd'hui, jouera un premier rôle en Europe, et l'orgueil français, abaissé avec la France, se relèvera avec elle.

Alors toutes les prétentions seront oubliées, tous les intérêts confondus, tous les amours-propres contentés; ou du moins ces passions qui maintenant s'agitent avec tant de violence, s'affaibliront et s'éteindront bientôt.

Dans ses rapports avec le reste du globe la France partagera tous les avantages dont jouit l'Angleterre.

L'empire de la mer, devenu commun à la nation française, étendra le commerce, accroîtra l'industrie, ouvrira la navigation qui est faible encore et nulle pour ainsi dire.

Un papier-monnaie, rendant la circulation plus active, est nécessaire pour donner de l'essor à l'industrie française : une banque commune aux deux nations, établie par le parlement anglo-français, satisfera à cet égard les désirs de la classe commerçante.

Enfin, l'opinion publique en France se fixera sur des bases solides, par le commerce intime des Anglais, nos maîtres en politique nationale ; le parlement d'Angleterre et le parlement anglo-français par leur influence, sur le nouveau parlement français, l'entraîneront dans la direction vraiment constitutionnelle, et affermiront la marche du gouvernement, en détruisant cette hésitation qui résulte du combat des vieilles habitudes et des opinions nouvelles.

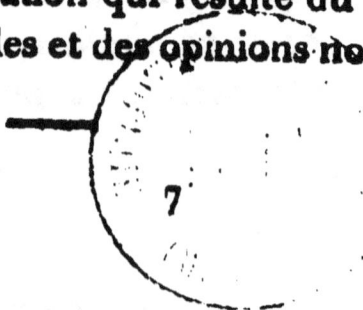

7

CHAPITRE X.

Résumé des Considérations relatives à la France et à l'Angleterre.

JE me suis élevé au point de vue d'intérêt commun de la France et de l'Angleterre.

Que ceux qui m'ont suivi avec attention, qui s'y sont élevés avec moi, qui ont découvert de là un remède aux maux des deux nations, redescendent maintenant à ces combinaisons d'intérêt national que jusqu'ici on a seules méditées et qu'on va recommencer de méditer encore; qu'apercevront-ils? des rivalités, des guerres, des malheurs au dedans et au dehors.

L'Angleterre, effrayée à l'approche d'une révolution, redouble les efforts de sa politique; elle calcule froidement de nouvelles guerres en Europe et de nouveaux malheurs en France; elle soutient la cause des Nègres et ravage le territoire de ses frères. L'Europe entière s'est indignée à la nouvelle de l'incendie de Washington; et cependant ni ses ruses, ni sa politique oppressive, ni ses crimes dont elle frémit elle-même et qu'elle se croit forcée de commettre, ne la sauveront point : ils pourront tout au plus retarder la crise qui la menace.

Qu'on se figure l'Angleterre occupée d'écraser tout ce qui s'élève, s'endettant pour appauvrir les autres peuples, s'affaiblissant pour les affaiblir, comme s'il n'y avait de salut pour elle que dans la misère et la perte de tous ; qu'on la voie, épouvantée de ses propres horreurs, en méditer encore de nouvelles et s'attirer la haine de tout ce qu'il y a d'humain, pour prolonger de quelques jours encore ce triste état d'agitations inquiètes, de craintes toujours croissantes, que couvre inutilement une apparence de force et de prospérité au-dehors. Qu'on se la représente ensuite, unie avec la France, sauvée par cette union d'une banqueroute inévitable ; puissante et heureuse, sans crimes et sans craintes, sans que la prospérité d'autrui lui fasse rien perdre de la sienne propre ; et qu'on me dise lequel de ces deux états est préférable.

La France, après la crise qui a renversé son ancien système politique, ne s'en est point fait un nouveau.

Que par un mouvement généreux la France regarde la dette de l'Angleterre comme le résultat des efforts qu'il fallait faire pour assurer à la liberté en Europe une patrie d'où elle pût se répandre sur toutes les nations, et qu'elle consente à partager le poids d'un sacrifice dont elle partage les fruits ; que, par un élan non moins noble, l'Angleterre rende communs à la France les avantages que cent ans de liberté ont accumulés sur elle.

Que l'énormité de cette dette n'effraie ni l'un ni l'autre des deux peuples : elle ira toujours en décroissant ; car à mesure qu'une nation devenue libre s'unira à la société anglo-française, la dette lui deviendra commune en proportion de ses richesses.

Il sera donc de l'intérêt de la confédération anglo-française de favoriser de tout son pouvoir la réorganisation de l'Europe.

Moins on contrarie les intérêts des autres en travaillant aux siens propres, moins on éprouve de résistance de leur part ; plus facilement on arrive à son but. Ainsi, cette maxime tant répétée, *on ne peut être vraiment heureux qu'en cherchant son bonheur dans le bonheur d'autrui*, est aussi certaine, aussi positive que celle-ci : *un corps lancé dans une certaine direction, est arrêté ou retardé dans sa course s'il rencontre en chemin d'autres corps lancés dans une direction contraire.*

CHAPITRE XI.

De l'Allemagne.

Il y a un peuple en Europe que son gouvernement semble reléguer parmi le vulgaire des nations européennes, mais qui s'en éloigne à des distances infinies, par son caractère, ses sciences, sa philosophie.

La morale la plus pure, une sincérité qui ne trompe jamais, une probité à toute épreuve se rencontrent chez la nation allemande. Au milieu des guerres les plus terribles, des inimitiés les plus atroces, de la plus insupportable oppression, ce caractère ne s'est point démenti. Jamais un soldat français n'a péri par trahison dans ce pays que désolait la France.

Privée presque entièrement du commerce maritime, l'Allemagne a été préservée de cet esprit mercantile qui met le calcul à la place des beaux sentimens, mène à l'égoïsme et à l'oubli de ce qu'il y a de grand et de noble : on n'y demande point, comme en Angleterre, *combien vaut tel homme ?* pour dire, combien possède-t-il ? Le mérite ne s'y mesure point aux richesses.

Une chose remarquable surtout, c'est que cette bonté de naturel, cette simplicité de mœurs, qui est le caractère du peuple, se répand sur les gouvernans ; l'autorité arbitraire y est douce et paternelle.

Une nation peut s'offrir sous trois aspects, se trouver dans trois états divers : le premier est de ramper sous un gouvernement arbitraire ; de se plaire dans sa servitude, et de ne concevoir rien de plus désirable que la faveur de ceux qui gouvernent, rien de plus noble que les distinctions qu'elle donne.

Le second est d'avoir su s'élever au-dessus de l'état social où l'on vit, par les lumières philosophiques et la noblesse des sentimens ; de s'être arraché à ces idées de faveur qu'il faut acheter par des bassesses ; d'avoir vu qu'il y avait au-delà quelque chose de plus digne de l'homme, et d'y avoir tendu, en luttant contre le cours des choses, mais sans chercher à le changer.

Le troisième, et le meilleur sans doute, est de s'être fait un gouvernement dont chacun peut être membre, s'il en est digne ; d'employer tous ses soins, ses travaux, ses lumières

au maintien et à la perfection de l'ordre social
établi. Ce dernier état est celui de l'Angleterre
et de la France ; le second est celui de l'Allemagne.

Il est beau, sans doute, de s'être élevé à la
hauteur des sentimens les plus nobles, du milieu de l'abaissement de la servitude ; de s'être
dérobé, par l'indépendance de la pensée, à la
gêne d'une domination absolue ; mais il est plus
beau, je pense, d'avoir su se créer un gouvernement libre, dans lequel on puisse se reposer
sans bassesse et sans honte.

L'Allemagne s'est élancée hors de son état
social, et l'a laissé au-dessous d'elle ; l'Angleterre et la France se sont élevées, et ont élevé
leurs gouvernemens jusqu'à elles.

CHAPITRE XII.

Suite.

Une grande agitation se fait sentir maintenant en Allemagne ; les idées de liberté germent dans tous les esprits : tout dit qu'une révolution se prépare.

Le souvenir de la révolution d'Angleterre, le souvenir plus récent de celle de France effraie la nation allemande; elle n'ose se croire réservée à tant de maux, elle espère que son caractère la sauvera : elle s'abuse.

Le caractère national, quel qu'il soit, ne peut rien contre la force des choses, et c'est de la force des choses qu'il s'agit ici. Il n'y a point de changement dans l'ordre social, sans un changement dans la propriété. L'enthousiasme du bien public peut bien faire consentir d'abord aux sacrifices que ce changement commande, et c'est la première époque de toute révolution ; mais on se repent bientôt, on s'y refuse, et c'est la seconde. Or, la

résistance des propriétaires ne peut être vain-
cue, si les non-propriétaires ne s'arment; et
de là la guerre civile, les proscriptions, les
massacres.

Qui peut préserver une nation de ces désas-
tres ? Rien, sinon une protection extérieure
qui favorise les partisans du nouvel ordre social, et contienne les propriétaires qui s'oppo-
sent à la révolution.

Les malheurs de la révolution anglaise étaient
inévitables; car nulle force alors en Europe ne
pouvait seconder l'établissement d'un gouvernement libre.

La France pouvait être sauvée par l'Angleterre; l'Angleterre lui a refusé son secours.
Loin d'éteindre le feu, elle a cherché à l'augmenter encore : la France a été inondée de sang.

Ce qu'ont été l'Angleterre et la France, l'Allemagne l'est aujourd'hui; les mêmes maux la
menacent, les mêmes secours peuvent la
sauver.

Bien plus, une circonstance propre à l'Allemagne doit accroître la violence de sa révolution;
elle a plus à faire que l'Angleterre et la France.
Non seulement elle doit changer sa constitution, il faut encore qu'elle se rassemble en un
seul corps, et qu'elle réunisse, sous un même

gouvernement, une multitude de gouvernemens épars. L'Allemagne divisée est à la merci
de tout le monde ; ce n'est qu'en s'unissant
qu'elle peut devenir puissante.

Le premier ouvrage du parlement anglo-
français doit être de hâter la réorganisation de
l'Allemagne, en rendant sa révolution moins
longue et moins terrible.

La nation allemande, par sa population
qui comprend près de la moitié de l'Europe,
par sa position centrale, et plus encore par
son caractère noble et généreux, est des-
tinée à jouer le premier rôle en Europe, aussitôt qu'elle sera réunie sous un gouvernement
libre.

Lorsque le temps sera venu où la société anglo-française se sera accrue par la réunion de
l'Allemagne ; où un parlement, commun aux
trois nations, aura été établi, la réorganisation
du reste de l'Europe deviendra plus prompte et
plus facile ; car ceux des Allemands qui seront
appelés à faire partie du gouvernement commun, porteront dans leurs opinions cette pu-
reté de morale, cette noblesse de sentimens
qui les distingue, et élèveront jusqu'à eux,
par la puissance de l'exemple, les Anglais et les
Français, que leurs occupations commerciales

rendent plus personnels et moins détachés de leur intérêt propre. Alors les principes du parlement deviendront plus libéraux, ses opérations plus désintéressées, sa politique plus favorable au reste des nations.

CONCLUSION.

J'ai voulu dans cet écrit, prouver que l'établissement d'un système politique convenable à l'état des lumières, et la création d'un pouvoir général investi d'une force capable de réprimer l'ambition des peuples et des rois, pouvaient seuls constituer en Europe un ordre de choses paisible et stable. Sous ce rapport, le plan d'organisation que j'ai proposé ne joue qu'un rôle secondaire, puisque, fût-il rejeté, fût-il essentiellement mauvais, j'aurais fait ce que j'ai entrepris de faire, si un autre plan quelconque était admis.

Considéré sous un autre rapport, le plan que je propose est la partie la plus importante de cet ouvrage. Depuis long-temps on s'accorde à dire que le système politique est détruit dans ses fondemens, et qu'il en faut établir un autre; et cependant, ni cette opinion généralement

répandue, ni les esprits préparés par la fatigue
des révolutions et des guerres à saisir avide-
ment tous les moyens de ramener l'ordre et le
repos, n'ont fait sortir personne de la vieille
routine; on s'est traîné sur les anciens principes, comme s'il ne pouvait y en avoir de
meilleurs, on a combiné de mille manières les
élémens de l'ancien système; mais rien de nouveau n'a été conçu. Le plan d'organisation que
j'ai exposé est le premier qui ait eu un caractère
neuf et général.

Il eût été souhaitable, sans doute, que le
projet de réorganisation de la société européenne eût été conçu par un des souverains
les plus puissans, ou du moins par un homme
d'Etat versé dans les affaires, et célèbre par ses
talens en politique. Ce projet, soutenu d'un
grand pouvoir, ou d'une grande renommée,
aurait plus promptement attiré les esprits; mais
la faiblesse de l'intelligence humaine ne per-
mettait point aux choses de suivre cette allure.
Ceux qui dans les opérations qu'ils dirigeaient
tous les jours, étaient contraints, par la force
des choses, de rapporter tous leurs raisonne-
mens aux principes de l'ancien système qu'on
maintenait, faute d'un meilleur, pouvaient-ils
marcher en même temps dans deux routes con-

traires; et tandis que leur attention était rame-
née sans cesse vers le vieux système et les combinaisons anciennes, concevoir et porter dans
leur esprit un système nouveau et des combinaisons nouvelles?

Après de grands efforts et de grands travaux, je me suis placé au point de vue d'intérêt commun des peuples européens. Ce point
est le seul duquel on puisse apercevoir et les
maux qui nous menacent, et les moyens d'éviter ces maux. Que ceux qui dirigent les affaires
s'élèvent à la même hauteur que moi, et tous
verront ce que j'ai vu.

Les divisions de l'opinion publique viennent
de ce que chacun se fait des vues trop circonscrites, et n'ose pas s'écarter du point qu'il
s'est fixé, et d'où il s'obstine à considérer les
choses.

Pour les esprits droits il n'y a qu'une manière
de raisonner, pour eux aussi il n'y a qu'une
manière de voir s'ils considèrent le même côté
des choses. Si des hommes ayant la même noblesse de sentimens, la même droiture de ju-
gement, le même amour du bien public, le
même attachement au Roi, ont des opinions
si contraires, c'est que chacun a son point de

vue à lui qu'il ne veut point quitter. Qu'on
s'élève plus haut, qu'on s'arrête où j'ai cherché à placer les esprits, et toutes les opinions
se confondront en une seule.

Alors, par un changement heureux dont les
fruits ne seront point perdus pour l'Etat, nous
verrons toutes les âmes élevées, tous les esprits éclairés , les Montesquiou et les Ray-
nouard, les d'Ambrai et les Lanjuinais, et
tant d'autres que leurs opinions divisent, et
que leurs sentimens rassemblent, marcher tous
vers un même but, et s'aider mutuellement
dans la route commune.

Il viendra sans doute un temps où tous les
peuples de l'Europe sentiront qu'il faut régler
les points d'intérêt général, avant de descendre
aux intérêts nationaux; alors les maux com-
menceront à devenir moindres, les troubles à
s'apaiser, les guerres à s'éteindre ; c'est là que
nous tendons sans cesse, c'est là que le cours
de l'esprit humain nous emporte ! mais lequel
est le plus digne de la prudence de l'homme ou
de s'y traîner, ou d'y courir.?

L'imagination des poètes a placé l'âge d'or
au berceau de l'espèce humaine parmi l'ignorance et la grossièreté des premiers temps:

c'était bien plutôt l'âge de fer qu'il fallait ý reléguer. L'âge d'or du genre humain n'est point
derrière nous, il est au-devant, il est dans la
perfection de l'ordre social ; nos pères ne l'ont
point vu, nos enfans y arriveront un jour : c'est
à nous de leur en frayer la route.

FIN.

www.ingramcontent.com/pod-product-compliance
Lightning Source LLC
Chambersburg PA
CBHW052044270326
41931CB00012B/2624